Elmar Simma

In den Nebel hinein

Elmar Simma

IN DEN NEBEL HINEIN

Worte der Hoffnung

Tyrolia-Verlag · Innsbruck-Wien

FSC
www.fsc.org
MIX
Papier aus verantwortungsvollen Quellen
FSC® C014138

Mitglied der Verlagsgruppe „engagement“

2018

Umschlaggestaltung, Layout und digitale Gestaltung: Tyrolia-Verlag
Titelbild: vadimrysev@iStock
Druck und Bindung: FINDR, Tschechien
ISBN 978-3-7022-3718-9
E-Mail: buchverlag@tyrolia.at
Internet: www.tyrolia-verlag.at

Inhalt

Vorwort 7

In den Nebel hinein …

lächeln 9
glauben 14
annehmen, was kommt 22
glücklich sein 25
beten 31
verzeihen 39
singen 45
trauern 49
laufen und tanzen 55
vertrauen 62
loslassen 68
hoffen 77
lieben 84
Bäume pflanzen 91
weinen 100
sterben 105

schlafen 111
sich entängstigen 116
danken 122
Grenzen setzen 127
loben 137
beginnen 145
aushalten 151
leben 157
nichts tun 164
Visionen haben 170

Quellenverzeichnis 173

Vorwort

Wir können uns das vorstellen: Am frühen Morgen gehen wir durch einen nebelverhangenen Wald. An manchen Sträuchern hängen Spinnweben. Auf einmal bricht die Sonne durch und die Tautropfen auf den zarten Fäden glitzern im Sonnenlicht wie Perlen.

Diese Erfahrung ist ein Bild für unser Leben: Sorgen, Fragen, Unsicherheiten lassen alles trüb und grau erscheinen. Aber irgendwann lichten sich die nebligen Schleier. Wir sehen wieder klarer, nehmen die Farben der Umwelt wahr, blicken in Menschengesichter. Wir bekommen einen Durchblick, und alle trüben Sichtweisen verschwinden.

Die sonnigen Zeiten, aber auch die nebelverhangenen Tage, traurigen Abschnitte oder dunklen Erlebnisse gehören zu unserem Leben. Dann heißt es, trotz allem weiterzumachen, weiterzuleben, weiterzukämpfen, bis wir dann eines Tages wieder freier atmen und auch viel Positives sehen können.

In den Nebel hinein

lächeln

Im Nebel

Seltsam, im Nebel zu wandern!
Einsam sind Busch und Stein,
kein Baum sieht den andern,
jeder ist allein.

Voll von Freunden war mir die Welt,
als noch mein Leben licht war;
nun, da der Nebel fällt,
ist keiner mehr sichtbar.

Wahrlich, keiner ist weise,
der nicht das Dunkel kennt,
das unentrinnbar und leise
von allen ihn trennt.

Seltsam, im Nebel zu wandern!
Leben ist Einsamsein.
Kein Mensch kennt den andern,
jeder ist allein. (Hermann Hesse)

Irgendwann haben wir solche „Nebelsituationen“ auch schon erlebt. Die Sonne und die Sterne waren von einer grauen „Suppe“ verschluckt. Wir haben einfach nur „funktioniert“, und das Schlimmste: Wir haben dann das Gefühl, dass uns niemand versteht, wir allein unseren Weg gehen und die dunklen Gedanken und Stimmungen aushalten müssen.

Manche kennen das: Wenn man beim Schifahren nur noch dicken Nebel sieht, keine Konturen, keine Orientierungsstangen, so ist das direkt unheimlich. In dieser Situation sind wir froh, wieder eine Stimme zu hören, einen Baumschatten wahrzunehmen und wieder zu sehen, wo wir sind.

Weise ist nur, wer das Dunkel kennt

Oft erlebe ich, dass Menschen anderen gute Ratschläge erteilen: „Du musst positiv denken, es kommt schon wieder, Zeit heilt Wunden …“

Auf diese „Rezepte“ kann man gerne verzichten. Mich stört auch unheimlich, wenn manche selbstgerecht über andere urteilen und genau wissen, was sie angeblich alles falsch machen, die Geschiedenen, die berufstätigen Mütter, die Depressiven …

Bischof Kamphaus von Limburg erzählte einmal, dass er eine Beratungsstelle für Schwangere, die abtreiben wollten, besuchte. Er hörte ihnen zu, erfuhr von ihren Konflikten und Problemen. Da bekam er ein total anderes Bild von diesen Frauen und begriff, dass wir viel zu oft als nicht Betroffene über andere urteilen.

Wer weiß denn schon, was oft Familienangehörige aushalten, die jahrelang kranke Angehörige pflegen? Wie es dem alleinstehenden Witwer geht oder der Nachbarin, die dauernd Psychopharmaka braucht?

Alles hat auch sein Gutes

Das im Nebel Wandern kann aber auch ein Schutzmantel sein: Ich muss mit niemandem reden, kann meinen Gedanken nachhängen, bin ganz bei mir, eingehüllt in mich selbst. Solange ich einen ausgetretenen Weg gehe, muss ich auch keine Angst haben. Ich kann sogar mit mir selbst sprechen oder einfach die Stille spüren und wahrnehmen, dass ich lebe, atme, fühle, die Kälte spüre …

Sicher oder hoffentlich ist das Leben nicht nur ein Einsamsein, sosehr wir das Alleinsein manchmal brauchen und dann wieder darunter leiden.

Oft ganz überraschend erfahren wir, dass uns der „Himmel" einen lieben Menschen schickt, einen freundlichen Anruf. Auch im Nebel blühen unverdrossen die Blumen am Wegrand.

Es könnte sein, dass wir im Nebel sogar Positives entdecken.

Früher musste man nach dem Tod eines/einer engen Angehörigen ein Jahr lang dunkle Trauerkleidung tragen, auch als Signal für andere: Ich bin in einem seelischen Ausnahmezustand. Nehmt bitte Rücksicht darauf. Eine Frau, deren Mann unerwartet im März gestorben war, rief mich am Vorabend von Pfingsten an mit der Frage: „Muss ich immer noch schwarz gekleidet herumlaufen? Ich möchte morgen mit dem roten Kostüm in die Kirche gehen." Ich ermutigte sie, das auch so zu machen, egal, was vielleicht ein paar eng denkende Menschen sagen.

Ihr Herz war noch vom Trauernebel erfüllt, aber sie fand den Mut, sich selbst einen Wunsch zu erfüllen. Das Rot ihres Gewandes ließ ihr Gesicht schon freundlicher ausschauen. Und der verstorbene Gatte hat sicher dazu gelächelt.

Die Nebel führen uns immer auf uns selbst zurück, und das ist in bestimmten Lebensphasen auch gut so. Manchmal finden wir „Nebelgenossen" oder Lichtpunkte, die uns daran erinnern, dass es auch die Natur gibt, und Menschen und den Morgen und den Abend, und die Musik und die Worte, und viel Schönes und Erfreuliches. Alles ein Lächeln wert.

In den Nebel hinein

glauben

Wir besitzen Gott nicht. Er übersteigt immer unsere Vorstellungen und Gedanken. Deshalb heißt es auch im Ersten Testament: *Du sollst dir kein Bild von Gott machen!* (vgl. Ex 20,4). Das Vierte Laterankonzil stellte 1215 fest, dass wir von Gott nur in Analogie sprechen können, in bildhaften Vergleichen: Gott ist wie … Dabei ist aber die Unähnlichkeit immer größer als die Ähnlichkeit. Wenn wir also sagen: Gott ist wie ein Vater, eine Mutter, dann bringt dieser Vergleich viel Wahres. Und doch ist Gott zum größeren Teil anders, als wir denken.

Wen wundert's, dass wir oft Mühe haben zu glauben. Wir können nicht einfach locker singen, dass er „alles so herrlich regieret“ angesichts all des Schlimmen, das tagtäglich passiert. Gott „verschwimmt“ im Nebel unserer Fragen, wir sehen oder spüren nichts von ihm. Stimmt das, was über ihn gesagt wird? Ist er wirklich ein barmherziger Gott, ein Freund des Lebens und der Menschen?

Die Schwierigkeit mit den Bildern

Gott ist immer anders als unsere Bilder. Er ist nicht der alte Mann, nicht der Aufpasser- oder Erste-Hilfe-Gott, der Feuerwehr- oder Versicherungsgott, nicht der Buchhalter- und Bestrafer-Gott, nicht der Belohner- oder Weihrauch-Gott für besondere Anlässe. In der Bibel wird er beschrieben als ein Du-Gott, der ansprechbar ist, der dort ist, wo wir sind, der mitgeht, der männliche und weibliche Züge trägt, der eine Liebesgeschichte mit uns Menschen hat, der ein „herunter-gekommener“ Gott und in Jesus zum Angreifen geworden ist.

Eine Frau, die ich von der Schule her gut kenne, bat mich um ein Gespräch. Wie eine große Tsunami-Welle war die Tatsache über sie hereingebrochen, dass ihr Mann schon längere Zeit ein Verhältnis mit ihrer Nachbarin hat. Was soll man da sagen?

Am nächsten Tag predigte ich zur Bibelstelle, wie Jesus über das Wasser auf die Jünger zukommt. Sie meinten, es sei ein Gespenst, und sie schrien vor Angst. Aber Jesus spricht sie an und ruft: *Habt Vertrauen, ich bin es; fürchtet euch nicht.* (Mt 14,22–33)

Wie passt das zusammen?

Wir alle sitzen im kleinen Boot der Familie, des Berufes, auf dem großen Schiff des Weltgeschehens und der Kirche. Wir spüren oft starken Gegenwind, werden von den Wellen mancher Probleme, auch der Sorgen und Ängste, hin- und hergebeutelt.

Jesus scheint abwesend zu sein, und wir fragen: „Wo bist du gewesen, als dieses und jenes passierte? Warum hast du irgendein Unglück nicht verhindert?"

Da liegt z.B. ein Angehöriger auf der Intensivstation. „Man muss mit dem Schlimmsten rechnen", wird uns gesagt. Und dann zünden wir Kerzen an, fangen wir an zu beten: „Jesus, oder Gott, bitte, bitte hilf doch!" Not lehrt beten.

In der St.-Peters-Kirche in Rankweil ist diese Szene in einem großen Deckengemälde dargestellt. Beim täglichen Schulgottesdienst habe ich immer wieder etwas unandächtig da hinaufgeschaut. Es hat mich fasziniert, wie Jesus dem Petrus die Hand hinhält, ihn zu sich hochzieht: *Du Kleingläubiger, warum hast du gezweifelt?*

Sicher müsste Jesus das auch manchmal zu uns sagen, uns fragen: Warum …?

Dennoch, wir dürfen unsere Zweifel haben, denn in kritischen, beängstigenden Momenten ist es nicht immer einfach, Gott wirklich zu vertrauen. Es gibt genug Ereignisse in der Welt oder Phasen im eigenen Leben, die uns nebelartig überfallen, in denen wir Mühe haben, an die Fürsorge Gottes zu glauben.

Das gilt auch für die Frau, die zum Gespräch kam. In solchen Situationen bin ich mit einem „frommen" Rat sehr zurückhaltend. Ihr Schmerz kann in der ersten Phase nur durchlitten und durchweint werden. Vielleicht, vielleicht kann sie aber irgendwann doch glauben, dass Jesus über alle Abgründe einer solchen Krise auf sie zukommt und ihr die Hand reicht.

Mit dem Herzen sehen

Der Glaube ist eine Deutung des Lebens. Er bringt eine neue Sichtweise. Ein Beispiel dafür ist die Blindenheilung, von der Johannes erzählt (Joh 9,1–11). Das größte Wunder besteht sicher darin, dass dem Blinden die inneren Augen aufgegangen sind. Er erkennt: Dieser Jesus ist ein Prophet Gottes. In ihm wirkt Gott, wird Gott zum Greifen. Für ihn ist Jesus wie ein offenes Fenster, durch das die Liebe Gottes hereinleuchtet und heilend wirkt. „Ihm, Jesus, glaube ich Gott!", sagt der Schweizer Pfarrer und Dichter Kurt Marti.

Wenn uns das auch gelingt, erhalten wir eine neue Sichtweise.

Die holländische Jüdin Etty Hillesum wurde 1943 in Auschwitz ermordet. Ihr Tagebuch mit dem Titel „Das denkende Herz“ ist eine berührende Dokumentation. Sie schreibt darin:

Du hast mich so reich gemacht, mein Gott. Mein Leben ist zu einem einzigen Zwiegespräch mit dir geworden … Das Leben und das Sterben, das Leid und die Freude, die Blasen an meinen wundgelaufenen Füßen und der Jasmin hinterm Haus, die Verfolgungen und zahllosen Grausamkeiten – all das ist in mir wie ein einziges, starkes Ganzes, und ich beginne immer mehr zu begreifen, wie alles zusammenhängt …

Auch im Irrsinn und Schrecken der damaligen Zeit sah sie überall Spuren der Gegenwart Gottes.

Die bzw. der Glaubende erahnt in allem und trotz allem, was geschieht, durch alle Nebel hindurch, den Gott-mit-uns. Er kann das Schmerzliche als Geburtswehen für neues Leben sehen und deuten. Alles hat seinen Sinn, auch wenn wir ihn nicht gleich erkennen. „Es wird schon für etwas gut sein“, sagte man früher in leidvollen Situationen. Dahinter steckt ein tiefer Glaube.

Oder ein ganz anderes Beispiel: Ich taufte den achtjährigen Bastian. Er wollte das aus eigenem Entschluss, obwohl seine Eltern nicht sehr religiös oder kirchlich sind. „Warum möchtest du getauft werden?", fragte ich ihn bei der Feier. „Ich möchte ein Freund von Jesus sein. Mir gefällt, was er erzählt und getan hat!" Bastians Lieblingsgeschichte ist die, wie Petrus übers Wasser geht und dann von Jesus hochgezogen wird. Er hat dazu auch ein Bild gemalt. „Ich muss keine Angst haben. Er hält mich!"

Der Glaubende hört in den Stürmen die Einladung Jesu: *Komm!* und erblickt seine ausgestreckte, helfende Hand.

Etwas ist mir noch wichtig: Wir sind doch alle mehr oder weniger Glaubende und Nichtglaubende zugleich. Wir reiben uns manchmal die Augen und fragen uns: Verkörpert dieser Jesus wirklich die Zuwendung Gottes?

In den Nebel aller Fragen und Zweifel hinein können wir dann nur – über unseren Glauben hinaus – diesen Jesus sozusagen bedingungsweise anreden: „Wenn es dich gibt …" Dieses Reden mit ihm schafft bereits eine Brücke zu ihm. Mit der Zeit kann daraus auch eine Gewissheit wachsen.

Was heißt überhaupt glauben?

Wenn ich in der Schule diese Frage stelle oder ähnlich auch bei Vorträgen, bekomme ich ganz unterschiedliche Antworten: nichts wissen, Gott vertrauen, mit Gott rechnen, überzeugt sein, dass es etwas Größeres gibt usw.

Mit diesen Aussagen bin ich nicht oder nur teilweise zufrieden. Ich selbst möchte es so formulieren: Wer glaubt, weiß sich von Gott geliebt! Das ist alles. Das genügt.

Manche wenden gleich ein: Aber man muss doch auch entsprechend leben und handeln. Ja, schon, aber das Dogma, dass wir von Gott geliebt sind, kommt vor der Moral eines christlichen Lebens. Oft frage ich ehemalige Schülerinnen bei Hochzeiten oder anderen Anlässen: „Weißt du noch …?" Viele können sich noch nach Jahren und Jahrzehnten daran erinnern, was ich ihnen unaufhörlich in der Schule mitgegeben habe: Glauben heißt, sich von Gott geliebt wissen. Zu jeder und jedem von uns sagt Gott wie zu Jesus bei der Taufe im Jordan: *Du bist meine geliebte Tochter, mein geliebter Sohn*! (vgl. Mk 1,11)

Das ist die Kernbotschaft Jesu, die er im

Gleichnis vom barmherzigen Vater, von den Arbeitern im Weinberg, die alle gleich viel Lohn erhalten, von den 99 und dem einen Schaf und mit vielen anderen Beispielen verkündet: Wir müssen und können nichts tun, *damit* Gott uns liebt, sondern umgekehrt: *Weil* er uns bedingungslos liebt, können und sollen dann auch wir ihn und einander lieben.

Aber es gilt grundsätzlich: „Glauben heißt, die Unbegreiflichkeit Gottes ein Leben lang aushalten!“ (nach Karl Rahner)

Gebet

Du unbegreiflicher Gott,
wo bist du, wenn es dich überhaupt gibt?
Mein Kinderglaube ist mir abhandengekommen.
Er war wohl zu einfach, zu handlich.
Da waren alle Fragen geklärt.
Aber heute habe ich Mühe mit vielem,
was passiert, auch in der Kirche,
die sich ums Rechthaben kümmert und tut,
als ob sie allein die Wahrheit besäße.
Dennoch, wer weiß,
vielleicht gibt es dich doch.
Ich möchte glauben können.
Hilf meinem Unglauben.

In den Nebel hinein

annehmen, was kommt

Einerseits möchte ich wie ein älterer Berufskollege rückblickend sagen können: „Es hat sich in meinem Leben alles (gut) gefügt!“ Andererseits habe ich meine Mühe mit dieser Aussage, denn es scheint zumindest sehr oft so, dass sich die Geschichten unseres Lebens nicht immer positiv entwickeln.

Fügt sich wirklich alles zum Guten?

Mein Vater war Schneider. In den Kriegsjahren oder danach kam es öfters vor, dass Leute einen älteren, abgetragenen Mantel brachten mit der Bitte, ihn aufzutrennen und ihn auf der „linken“ Seite wieder zusammenzunähen. Wir nannten ein derart erneuertes Kleidungsstück einen „Wendelin“!

Manches im Leben empfinden wir als nicht mehr „tragbar“, wir möchten die schlimme Situation „wenden". Aber wir können sie nicht so einfach umdrehen, damit die Lage wieder besser ausschaut. Zumindest nicht anfänglich. Vielleicht gelingt es jedoch mit der Zeit, so manche Geschehnisse auch von einer „anderen" Seite zu betrachten. Ich denke an Martin Luther King, der nach monatelangem Kampf für die Rechte der Schwarzen und einer Morddrohung in eine tiefe Mutlosigkeit gefallen war. Er konnte nicht mehr schlafen, saß am Küchentisch. Im Zustand der äußersten Erschöpfung und voller Angst legte er Gott seine Not hin. Auf einmal war es ihm, als hörte er eine Stimme, die ihm Mut zusprach: „Stehe auf für die Gerechtigkeit und Wahrheit! Gott wird an deiner Seite sein!" Fast augenblicklich waren seine Ängste dahin. Er war bereit, allem ins Auge zu sehen. Er spürte auf einmal einen Wendepunkt in seinem Leben. Manchmal widerfährt uns plötzlich etwas, was uns und unsere Einstellung ändert: ein Gespräch, ein Satz, den wir lesen, eine Begegnung, ein Erlebnis …

Oft aber wächst in uns erst langsam eine Überzeugung, dass es einen tieferen Sinn, eine Fügung für uns gibt. Ich erinnere mich an den Film „La strada", den ich vor vielen Jahrzehnten gesehen habe. Zampano, ein grobschlächtiger Schausteller, hatte eine Assistentin, Gelsomina, die von ihm ausgenützt wurde. Eines Nachts stand sie draußen, hielt einen Stein in der Hand und sagte: „Entweder hat dieser Stein einen Sinn, oder es hat gar nichts einen Sinn!" An den glaube ich letztlich, obwohl ich vieles nicht verstehe. Vieles entwickelt sich in unseren Augen wirklich nicht zum Guten, aber eben – nur von uns aus gesehen, in der Perspektive von unseren paar Jahrzehnten auf dieser Erde.

Ich halte die Hoffnung offen, dass wir auf der „anderen" Seite einmal sagen können: „Doch, es hat auch das Schlimme seinen Sinn und Wert gehabt!" Es könnte ja wirklich so sein, wie Paulus schreibt, dass alle Leiden Geburtswehen sind für ein Leben in Fülle (vgl. Röm 8,22). Oder, mit dem Eingangsvergleich, die unschönen, abgenützten „Lebensmäntel" könnten zu „Wendelins" verarbeitet werden. Anfangshaft von uns, endgültig von Gott.

In den Nebel hinein

glücklich sein

Weil die giftigen Fliegenpilze und andere auch ein berauschendes Glücksgefühl auslösen können, high machen, sagt man zu Menschen, die ein besonderes Glück haben, sie seien Glückspilze.

Glücklich sind Menschen, wenn sie einen großen Gewinn bekommen haben, ebenso solche, die verliebt sind und einen „Schatz" gefunden haben. (Wie lange das anhält, ist eine andere Sache!)

Glücklich, die gesund und fit sind, denen es persönlich, beruflich, beziehungsmäßig gut geht.

Glücklich sind ebenfalls jene, die nach einer schweren Krankheit und Spitalsprozeduren gesund durch die Krankenhaustüre wieder heimgehen können.

Glücklich fühlen sich die, die Lebenskrisen überwunden haben.

Es gibt auch das „dunkle" Glück: Ein Pensionist, der seine Frau verloren hat, sagte mir: „Dass ich bei ihrem Sterben dabei sein und ihre Hand halten konnte, ist für mich das größte Glück, der stärkste Trost!“

Glücklich wie im siebten Himmel

Im Altertum dachte man sich die Erde als Scheibe. Darüber spannt sich das Firmament, dann folgt der Wasserhimmel, der Feuerhimmel und so Sphäre um Sphäre höher. Im siebten Himmel schließlich, also zuoberst, thront Gott. Unsere Redewendung drückt deshalb aus: Das größte Glück des Lebens hängt mit Gott zusammen.

Und wie finden wir ihn und damit das Riesenglück? Manchmal fast zufällig, es fällt uns zu, manchmal mühsam.

Der französische Journalist André Frossard schrieb 1969 einen Bestseller: „Gott existiert. Ich bin ihm begegnet.“ Als bekennender Atheist schlenderte er in Paris, weil er auf jemanden wartete, in eine kleine Kapelle. Kurz darauf verließ er sie völlig überwältigt und von unbändiger Freude erfüllt als gläubiger Christ. Er hatte dort ein Bekehrungserlebnis, das für ihn „umwerfend“ war. Er fand den größten „Schatz“ seines Lebens. Im selben Jahr unternahm der französische Jesuitenpater Aimé Duval einen Suizidversuch. Als großartiger Chansonsänger hatte er auf Konzertreisen in 40 Ländern mit unzählig vielen Auftritten von einem helfenden, tröstenden Gott gesungen. Aber der dauernde Druck brachte Alkoholprobleme mit sich. Er konnte nicht mehr, und Gott schien ihm fern und fremd. Ein Freund rettete ihn. Er brauchte lange, bis er schließlich doch wieder zum Glauben fand. „Warum ist die Nacht so lang?", lautete sein Buchtitel. Das Glück des Glauben-Könnens musste er erst wieder suchen.

Noch ein Gedanke: Die beiden Glückspilze, die Jesus uns in einem Gleichnis vorstellt, der Mann, der beim Pflügen auf einen Schatz gestoßen ist, und der Kaufmann, der eine kostbare Perle entdeckt hat, fanden ihre „Schätze" bei ihrer Arbeit (vgl. Mt 13,44–46). Wir sollen also nicht auf das große Glück warten oder denken, dass das erst im Himmel kommt. Hier und jetzt werden uns kleine und große Glückserfahrungen geschenkt, wenn wir nur aufmerksam hinter die alltäglichen Dinge und Ereignisse schauen.

Im Leben gibt es viele Fügungen, wunderbare und traurige, schmerzliche. Bei diesen tun wir uns schwer, dahinter die Handschrift Gottes zu sehen. Dichter Nebel legt sich auf unser Herz.

Da kann man nur tapfer das, was geschehen ist und uns belastet, aushalten und tragen. Dann wäre es schon eine große Gnade, wenn wir uns mit einem Restvertrauen fügten: Auch das wird vorübergehen und einen Sinn haben.

Glücksspuren suchen und finden

Das Glück liegt vor unseren Füßen, sozusagen auf der Straße des Lebens.

Glückliche Menschen haben sich versöhnt mit vielen Gegebenheiten ihres Lebens, mit ihrem Aussehen, ihrem Gesicht, mit den Menschen um sie herum, mit dem Partner, der Partnerin (es gibt wohl kaum einen fehlerfreien Partner, eine rundum ideale Partnerin), mit den Grenzen der Brieftasche, mit dem Älterwerden und vielem mehr.

Sie sind nicht getrieben und gehetzt, haben eine große Portion Humor und leben in einer tiefen Geborgenheit.

Sie sind achtsam für die kleinen Dinge. Sie parken nicht im Schatten trüber Gedanken, sondern in der Sonne des Wohlwollens.

Und wenn die Nebel dunkler Stunden hereinfallen, wissen sie doch, dass dahinter und darüber die Sonne scheint, einmal wieder durchkommt und vieles erst im Nachhinein sichtbar wird.

Glück oder Unglück?

Ein chinesischer Bauer bemerkte eines Tages, dass die Tür zu seinem Stall offenstand und dass sein einziges Pferd daraus verschwunden war. Kaum hatten die Dorfbewohner davon erfahren, kamen sie, um ihn zu bedauern. „Welch ein Unglück!", riefen sie. Doch der Bauer erwiderte: „Wer weiß? Es könnte auch ein Glück sein!"

Am nächsten Morgen kam das Pferd in Begleitung einer Stute zurück. Wieder lief das ganze Dorf zusammen, um das edle Tier zu bewundern. „Welch ein Glück du doch hast! Jetzt hast du zwei Pferde statt einem. Du bist unter einem wahrhaft guten Stern geboren!" Der Bauer jedoch antwortete: „Wer weiß? Es könnte auch ein Unglück sein!"

Am nächsten Morgen wollte der Sohn des Bauern auf der jungen Stute ausreiten. Aber sie war ein ungestümes Tier und warf den Reiter ab. Nur mit Mühe schleppte sich der Bauernsohn zurück auf den Hof. Das linke Bein war angeschwollen, und der herbeigerufene Arzt diagnostizierte einen Schienbeinbruch. „Oje, oje, welch ein Unglück", riefen die Dorfbewohner, die sich in der Stube versammelt hatten. „Wer weiß!", erwiderte der Bauer. „Es könnte auch ein Glück sein!"

Zwei Wochen später brach ein Krieg in China aus, alle jungen Männer des Dorfes wurden eingezogen und fielen in der Schlacht. Alle, bis auf einen. Der Sohn des Bauern konnte wegen seines gebrochenen Beines nicht in den Krieg ziehen.

Er lebte noch viele Jahre und pflügte die Felder seines Vaters. (aus China)

In den Nebel hinein

beten

Ein Wort von Huub Oosterhuis berührt mich: „Du bist mein Atem, wenn ich zu dir bete!" Das heißt doch, dass das Beten nur möglich ist, weil Gott in uns atmet. Wir brauchen die Atemluft, die uns von ihm zufließt, damit wir zu ihm sprechen, an ihn denken können. Er atmet in uns.

Karl Rahner, mein großartiger Lehrer im Theologiestudium, mit einem gewaltig großen Wissen und zugleich sehr bescheiden, wurde in einem Fernseh-Interview gefragt, warum er glaube. Er überlegte eine Weile und man erwartete schon eine tiefsinnige, aber auch lange Antwort. Stattdessen sagte er nur: „Ich glaube, weil ich bete!" Die Antwort überrascht. Reicht das? Dennoch bin ich überzeugt, dass sie stimmt. Man könnte auch sagen: „Ich bete, weil ich glaube, und ebenso umgekehrt!" Wenn der Glaube eine Beziehung zu Gott meint, dann lebt diese – genau wie bei uns Menschen – vom Gespräch.

Das verschüttete Herz

Wir glauben an einen Du-Gott, der das Gespräch mit uns sucht und den wir ansprechen. Aber so einfach ist das nicht.

Derselbe Karl Rahner hat auch ein wunderbares Buch geschrieben: „Von der Not und dem Segen des Gebetes".

Eine erste Schwierigkeit beim Beten liegt darin, dass unsere Herzen oft verschüttet sind von den Gesteinsbrocken der Zweifel. Stimmt das alles, was uns von Gott erzählt wird, was in der Bibel steht? Andere Steine sind manchmal die schweren Verluste oder die Verbitterung, weil uns das Leben und Menschen übel mitgespielt haben. Die Erschöpfung von der Unruhe dieser Tage, die Müdigkeit und Leere, die sich zentnerschwer auf unser Herz legt, Enttäuschungen, die uns verfolgen, können uns im Tiefsten gefangen halten, einsperren.

Da kommt nichts mehr von innen heraus, wir sind gefangen in uns selbst.

Diese Not kommt in einem Gebet zum Ausdruck:

Gott, ich bin in ein tiefes Loch gefallen.
Die plötzliche Krebserkrankung
hat mir den Boden unter den Füßen weggezogen.
Die Prozeduren im Krankenhaus,
Chemotherapie, Bestrahlungen,
die Übelkeit, die Schmerzen,
und vor allem die Angst, was noch kommt.
Zieh mich da heraus.
Reich mir wenigstens deinen kleinen Finger,
der mich ein bisschen hält.
Manchmal habe ich das Gefühl,
du bist so weit weg.
Hörst du mich überhaupt?
Ich nehme dich trotzdem bei deinem Wort,
dass du da bist.
Also!???
Ich weiß nicht, was ich sagen soll.
Amen.

Das scheinbar vergebliche Gebet

Wir tun uns manchmal schwer mit dem Beten, weil Gott für uns nicht begreifbar ist, im doppelten Sinn des Wortes. Wir haben dann das Gefühl, er sei abwesend, er höre uns gar nicht. Vor allem meinen wir, dass das Beten überhaupt nichts nützt. „Ich habe so viel gebetet, Wallfahrten gemacht, Gott alles Mögliche versprochen, und? Es ist doch nicht so gekommen, wie ich es erhoffte."

Der Hauptankläger gegen Gott ist der ganze Weltenlauf. Richter sind alle verzweifelten, verletzten Herzen, als Belastungszeugen melden sich die „vereinten Nationen" aller Unglücklichen und Armen. Die Anklagepunkte sind alle Enttäuschungen. „Wir haben gebetet, und du, Gott, hast nicht geantwortet, hast hartnäckig geschwiegen, schon gar nicht geholfen. Wozu noch beten?"

Dennoch: Liegt das Problem bei Gott oder nicht vielmehr bei uns, weil wir Gott gebrauchen oder missbrauchen, damit alles so kommt oder wird, wie wir es gerne hätten?

Gott ist keine Lebensversicherung. Er sorgt nicht dafür, dass die Kinder nicht weinen, dass Gerechtigkeit einzieht auf Erden, dass der Jammer dieser Welt ein Ende hat, dass die Menschenliebe nicht in Enttäuschung mündet.

Das alles tut er nicht, weil er ein Gott ist, der uns nicht *vor* dem Leid, sondern *im* Leid bewahrt, der mit uns Angst hat, der unsere Schmerzen fühlt, der unsere Tode mitstirbt.

Eine meiner Lieblingsbibelstellen steht beim Propheten Jesaja:

Fürchte dich nicht, denn ich habe dich ausgelöst,
ich habe dich beim Namen gerufen,
du gehörst mir!
Wenn du durchs Wasser schreitest,
bin ich bei dir, wenn durch Ströme,
dann reißen sie dich nicht fort.
Wenn du durchs Feuer gehst,
wirst du nicht versengt,
keine Flamme wird dich verbrennen!
(Jes 43,1.2)

Damit sagt Gott: „Keine Angst, ich gehe mit dir. Ich bewahre dich nicht vor Momenten, in denen dir das Wasser bis zum Hals steht, in denen du untergehst und den Boden verlierst. Aber du wirst nicht im Wasser des Todes versinken, denn ich bleibe bei dir. Wenn dir vieles auf der Seele brennt, wie Feuer schmerzt, ich bin bei dir, und du wirst nicht in der Angst, im Leid verbrennen. Ich behüte dich. Du bleibst im Innersten unversehrt."

Ich besuchte einen Mann, der an einem metastasierenden Krebs litt, eine Schmerzpumpe benötigte, immer schwächer wurde und wusste, dass es dem Sterben zugeht. Ganz behutsam fragte ich ihn, ob er möchte, dass ich ihm die Kommunion bringe und die Krankensalbung spende.

Ich wollte ihm nicht ein „christliches" Trostpflaster geben.

Und dann haben wir genau darüber gesprochen, dass Gott wohl kein Wunder der Heilung herabfließen lässt, sondern mit ihm durch die schwierige, leidvolle Situation geht.

Bei der Krankensalbung, die ich ihm und der Gattin spendete, denn sie litt ja auch mit, sagte ich: „In diesem Ritual berührt dich Gott, aber er lässt sich auch selbst berühren von deiner Krankheit, deinem Zustand. Das geht ihm auch unter die Haut!"

Wie trotzdem beten?

Zuerst einmal ist es gut, einfach zu verstummen, die Leere auszuhalten, das Gefühl zuzulassen, dass Gott fern ist und uns hängen lässt. Vielleicht hören wir im Herzen nur den Schrei nach Gott, oder eine ohnmächtige Stille. Wir dürfen auch sagen: „Gott, wo bist du? Hörst du mich überhaupt? Was soll ich sagen? Ich kann nicht einmal mehr beten!" Dieses Verharren im „Nebelgefühl" und Schweigen ist für mich auch schon ein Gebet.

Und wer weiß, auf einmal könnte es geschehen, dass wir im tiefsten Herzen, in der leeren

Stille uns dessen innewerden: „Doch du bist da, oder es könnte ja sein, dass du ganz verborgen hinter allen Fragen und Zweifeln da bist und nur darauf wartest, bis ich die Tür einen Spalt breit öffne."

Oft erlebe ich, dass vorgeformte Gebete wie ein Stiegengeländer sind, an dem wir uns halten können, z.B. das Vaterunser, das Gegrüßt-seist-du-Maria oder auch Kindheitsgebete.

Und das Rosenkranzbeten kann auch eine Hilfe sein. Der Rosenkranz mit seinem monotonen Gemurmel ist wie ein Bachbett, in dem unsere Gedanken und Gefühle fließen. Man denkt dabei nicht so sehr an die einzelnen Worte, sondern an das, was uns beschäftigt, belastet.

Bei dieser Gebetsform darf man auch „unandächtig" sein, weil dabei alles hochkommt, wovon das Herz voll ist. Ein Rosenkranzgesätzchen am Bett eines toten Menschen oder bei einem Unglücksfall verbindet die Anwesenden und schafft Raum für die dunklen Gefühle dieser Situation.

Von Kurt Marti gibt es ein wunderschönes Kurz-Gebet:

Da du alles schon weißt,
mag ich nicht beten –
tief atme ich ein
lang atme ich aus
und siehe:
Du lächelst.

Auch das Nichtbeten und nur Atmen kann schon Gebet sein.

In den Nebel hinein

verzeihen

Wer von uns ist nicht schon im Laufe des Lebens sehr verletzt worden durch eine ungerechte Note, eine beleidigende Bemerkung, eine Benachteiligung im Beruf oder beim Erben, eine Enttäuschung, eine Trennung? Und dann hören wir das Wort Jesu, dass wir siebzigmal siebenmal verzeihen sollen (vgl. Mt 18,22), so wie er es bei uns macht.

Aber das geht nicht so einfach. Es können in uns Wut- oder Rachegefühle aufsteigen: „Dem oder der werde ich es schon noch zeigen. Wie du mir, so ich dir! Die können was von mir erleben. Mit denen rede ich nie mehr, die sind für mich gestorben!"

Die ersten Schritte

Zuerst einmal braucht es seine Zeit, bis wir wirklich jemandem vergeben können. Wir sollten nicht vorschnell sagen: „Ich vergebe dir!", wenn das Herz noch nicht dazu bereit ist.

Der erste Zorn muss zuerst einmal verrauchen. Wir brauchen etwas Abstand.

Es wäre schon sehr viel, wenn wir denen, die uns wehgetan haben, bei der Messe wenigstens den Frieden wünschen könnten. Die Nächstenliebe fordert ja nicht, dass wir alle gefühlsmäßig mögen müssen. Wenn wir einen Menschen, der für uns ein Feind ist, trotzdem grüßen, ist das schon eine große Leistung. Manchmal muss man aber am besten getrennte Wege gehen. Auch Abraham und sein Neffe Lot und deren Knechte hatten Streit miteinander. Und dann erklärte Abraham: *Wir müssen uns trennen. Suche es dir aus. Wenn du nach links gehst, gehe ich nach rechts oder umgekehrt*! (vgl. Gen 13,1–12)

Vielleicht muss man auch lange beten: „Gott, nimm mir den Hass aus dem Herzen, damit er nicht wie Unkraut wuchert."

Die Sache mit dem Vergessen

Wie oft sagen Menschen: „Vergeben schon, aber vergessen nie!" Im Grunde stimmt das auch.

Wir können negative Erfahrungen in unserem Gedächtnis und Herzen nicht einfach ausradieren oder wie beim Computer mit einem Klick löschen. Die Verletzungen graben sich in unsere

Herzen ein. Die Frage ist nur, wie wir damit umgehen.

Bei einem handgewobenen Teppich mit verschiedenen Stoffstreifen sehen wir ein buntes Muster mit allen möglichen Farben. Jeder Teppich schaut anders aus. Gerade der Wechsel von Hell und Dunkel, von Rot und Grün, Braun oder Blau macht das Gewebe schön und einmalig. Ist nicht unser Leben auch ein Gemisch von allen Farben, die jeweils ihre Eigenart haben. Die schwarzen Teile symbolisieren die Verletzungen und bitteren Erfahrungen, aber sie gehören genauso dazu wie die weißen oder gelben. Wenn wir nun jedes Mal beim Über-den-Teppich-Laufen stehen bleiben und nur auf die schwarzen Streifen schauen, verlieren wir den Blick für das Ganze, wird unsere Sichtweise verengt. Vergessen heißt, dass wir zwar um das Negative wissen, aber es stört uns nicht mehr, weil es nur ein kleiner Teil unseres Lebens ist.

Konkret heißt das: Solange uns eine alte Geschichte jedes Mal sauer „aufstößt", wenn wir einem bestimmten Menschen begegnen, ist die Sache noch nicht erledigt. Wenn wir hingegen sagen können: „Ach, das war einmal, aber das belastet mich jetzt nicht mehr", dann haben wir auch „vergessen", was einmal gewesen ist.

Es braucht immer zwei

Vor Jahren war ich Vorsitzender des Pastoralrates unserer Diözese. In einer Sitzung behauptete eine Frau, ich hätte etwas Verletzendes über sie gesagt, was aber überhaupt nicht stimmte. Sie nahm meine Darstellung der Sache gar nicht an. Eigentlich war ich machtlos. Dazu kam, dass sie dann in der sonntäglichen Messfeier in den vorderen Bänken anwesend war. Wie sollte ich allen den Frieden wünschen, wenn ich wusste, dass sie etwas gegen mich hat und jedes Gespräch abprallt?

Ich kann jemandem die Hand zur Versöhnung reichen, aber der oder die andere muss auch dazu bereit sein. Das Nicht-verzeihen-Wollen ist eine Waffe, die andere gegen uns benützen können. Wir bleiben dann immer in der Schuld verhaftet.

Paulus schreibt: *Haltet mit allen, soweit es an euch liegt, Frieden* (Röm 12,18). Wir sollen von uns aus tun, was dem Frieden dient. Ob aber Versöhnung gelingt, liegt nicht nur an uns.

In solchen verhärteten Konflikten rate ich oft den Betroffenen, sie sollen täglich die Pfingstsequenz beten, in der es heißt: „Mache weich, was spröd und hart, wärme, was in sich erstarrt …“ Da kann nur der Heilige Geist das Wunder der Vergebung und Versöhnung wirken.

Auch für uns selbst sollten wir beten:

Vater, ich will vergeben.
Hilf mir, das nicht nur zum Schein zu tun.
Nicht so, dass ich großmütig auf Rache verzichte.
Nicht so, dass ich mattherzig vergesse.
Nicht so, dass ich meine Güte damit beweise.
Sondern so, dass ich zum anderen hingehe,
dorthin, wo er steht, jenseits seiner Schuld.
Ich will mein Recht aufgeben
und neu mit ihm anfangen.
Ich will kein Misstrauen bewahren,
sondern alles hinter mir lassen, was mich hemmt,
und nur Freundlichkeit mitnehmen.
Ich will den ersten Schritt tun,
wehrlos und ohne Vorwurf,
und keine Bitterkeit soll übrig bleiben.
(Jörg Zink)

Ob es ehrlich gemeint ist und nützt?

Das wissen wir nicht. Die Nebel der Unsicherheit bleiben oft. Vor allem, wenn wir meinen, wir seien im Recht und die anderen im Unrecht. Aus unserer Sicht mag das stimmen. Aber die Kontrahenten haben eben ihre eigene Deutung und Sichtweise eines Konflikts. Die Blickrichtungen können sehr gegensätzlich sein. Und ob wir dann die Benachteiligten oder Dummen sind, wird sich oft erst im Nachhinein zeigen.

Dennoch meine ich, wer bereit ist zur Vergebung, einen Konflikt bereinigen will, wer den Frieden sucht und ihm nachjagt, gehört zu denen, die Jesus seligpreist. Die Friedensstifter sind immer besser dran als die Unversöhnlichen.

In den Nebel hinein
singen

Vor vielen Jahren unterrichtete ich als junger Kaplan in der Volksschule. Da brachten die Mädchen immer wieder ihre Poesiealben mit der Bitte, ich möge doch etwas hineinschreiben. Das war damals große Mode. Ich hatte meine Standard-Zitate, z. B. den Satz des hl. Don Bosco: „Fröhlich sein, Gutes tun und die Spatzen pfeifen lassen!" Ich dachte, ein gutes Lebensmotto für diese jungen Menschen.

Es gibt ja genug, was uns missmutig stimmen könnte. Deshalb ist wichtig, dass wir uns von den negativen Ereignissen nicht in Beschlag nehmen lassen, sondern trotz allem uns ein heiteres Gemüt bewahren.

Ich bin in einer großen Familie aufgewachsen. Da die Mutter lange Zeit krank war, mussten wir Kinder, auch die Buben, im Haushalt mithelfen, z. B. beim Abwaschen und Abtrocknen.

Dabei sangen wir sehr viel und lernten so automatisch die Texte auswendig.

In der Studentenzeit hatte das gemeinsame Singen zur Gitarre natürlich einen ganz hohen Stellenwert. Unvergessliche Zeiten! Das Singen hat eine therapeutische, heilsame Wirkung.

Auch in dunklen Momenten

Als 1975 meine Mutter im Sterben lag, wegen der starken Medikamente nur teilweise ansprechbar, wussten wir nicht, was wir reden oder tun sollten. Da kam uns der Gedanke, wir könnten miteinander alte Lieder singen: „Wie die Blümlein draußen zittern", „Am Brunnen vor dem Tore", „Hoch auf dem gelben Wagen" usw. Die Mutter sang sogar ein bisschen mit. Der Vater machte die Fenster zu mit der Bemerkung: „Was denken da die Nachbarn, die wissen, dass Mama bald stirbt?" Aber ich meine, dass das Singen ein schönes Abschiedsgeschenk für sie war.

Wenn der Nebel einer belastenden Situation über uns hereinfällt, ist es gut – sofern man es überhaupt kann – etwas zu singen. Eine Frau, die früh ihren Mann verloren hat, erzählte mir, dass sie von da an nicht mehr singen konnte. Zwei Jahre lang. Plötzlich, bei einem Ostergottesdienst, habe sie überrascht festgestellt, dass sie die Auferstehungslieder mitgesungen habe.

Beim ehemaligen Jugoslawienkrieg waren viele Frauen mit ihren Kindern zu uns geflüchtet.

In einem Arbeitsprojekt fanden sie eine Tätigkeit, die sie ein bisschen ablenkte. Eines Abends bat ich sie, sie sollten doch einige Lieder aus ihrer Heimat singen. Zuerst zögerlich, dann immer stärker, stimmten sie in die vertrauten Melodien ein. Tränen flossen, aber dieses Miteinander-Singen befreite auch und tröstete. „Einmal kommen wir wieder heim", sangen sie sich damit ins Herz.

Oft schon habe ich am Sterbe- oder Totenbett mit den Anwesenden gesungen, z. B. das Lied „Von guten Mächten treu und still umgeben, behütet und getröstet wunderbar, so will ich diese Tage mit euch leben und mit euch gehen in ein neues Jahr". Oder: „Meine Hoffnung und meine Freude, meine Stärke, mein Licht, Christus, meine Zuversicht, auf dich vertrau ich und fürcht mich nicht, auf dich vertrau ich und fürcht mich nicht!" Bei solchen Liedern kommt unser Herz zur Ruhe und schwingt immer auch ein bisschen Trost und Hoffnung mit.

Mit den Psalmisten singen

Die Psalmen sind zu einem großen Teil Lob- und Danklieder auf den Schöpfer und auf den Gott, der den Beter aus schlimmen Situationen errettet hat. In der Tradition dieser jahrtausendalten Gebete formuliert Martin Gutl – frei nach Psalm 126:

Wenn Gott uns heimführt
aus den Tagen der Wanderschaft,
uns heimbringt
aus der Dämmerung
in sein beglückendes Licht,
das wird ein Fest sein!
Da wird unser Staunen von neuem beginnen.
Wir werden Lieder singen,
Lieder, die die Welt und Geschichte umfassen.
Wir werden singen, tanzen
und fröhlich sein,
denn er führt uns heim:
aus dem Hasten in den Frieden,
aus der Armut in die Fülle.
(gekürzt)

In den Nebel hinein

trauern

Einen lieben Menschen zu verlieren, wie schwer ist das. Oder die bittere Erfahrung, dass eine wichtige Beziehung auseinandergebrochen ist. Die Welt, das Leben wird von einem dicken Nebel dunkler Gedanken und Gefühle verhüllt.

Memento

Vor meinem eignen Tod ist mir nicht bang,
nur vor dem Tode derer, die mir nah sind.
Wie soll ich leben, wenn sie nicht mehr da sind?

Allein im Nebel tast ich todentlang
und lass mich willig in das Dunkel treiben.
Das Gehen schmerzt nicht halb so wie das Bleiben.

Der weiß es wohl, dem Gleiches widerfuhr.
– Und die es trugen, mögen mir vergeben.
Bedenkt: Den eignen Tod, den stirbt man nur,
doch mit dem Tod der andern muss man leben.
(Mascha Kaléko)

Der Weg der Trauer

Man redet oft von „Trauerarbeit". Dieser Begriff ist nicht richtig. Eine Arbeit kann man erledigen und dann ist sie eben getan. Die Trauer wird nie ganz verschwinden. Sie ist ein oft mühsamer Weg, den man geht, und immer wieder kommt die Trauer hoch. Man kann nur lernen, mit den schweren Gefühlen und mit der Lücke zu leben, die Verstorbene hinterlassen. Dietrich Bonhoeffer hat dies in treffenden Worten ausgedrückt:

Es gibt nichts, was uns die Abwesenheit eines lieben Menschen ersetzen kann, und man soll das auch gar nicht versuchen; man muss es einfach aushalten und durchhalten; das klingt zunächst sehr hart, aber es ist doch zugleich ein großer Trost; denn indem die Lücke wirklich unausgefüllt bleibt, bleibt man durch sie miteinander verbunden. Es ist verkehrt, wenn man sagt, Gott füllt die Lücke aus; er füllt sie gar nicht aus, sondern er hält sie vielmehr gerade unausgefüllt, und hilft uns dadurch, unsere echte Gemeinschaft miteinander – wenn auch unter Schmerzen – zu bewahren.

So vieles ändert sich: Die Gegenwart eines lieben Menschen fehlt, auch die körperliche Nähe, das gemeinsame Frühstücken oder Schlafengehen und anderes mehr … Alte Freunde verschwinden, aber einige neue kommen hinzu. Familiäre, berufliche, finanzielle Probleme türmen sich auf. Auch der Glaube scheint oft keine Hilfe zu sein, und die Warum-Frage bohrt im Herzen.

Der Weg der Trauer ist einsam. Letztlich sind die Trauernden mit ihrer Niedergeschlagenheit, mit den Schmerzen, manchmal auch mit Wut oder Zorn allein, müssen sie einfach aushalten.

Eine Witwe schrieb mir: „Ich habe deinen Artikel gelesen: Trauer ist nicht Depression, sondern der Wundschmerz der Seele. Ich bin dankbar, dass ich meine Trauer ausleben, ausleiden kann und darf. Es tut sehr weh, ist aber wichtig. Ich bin sensibler und hellhöriger geworden …"

Und eine andere Frau: „Fünf Jahre sind vergangen, 260 Wochen, 1825 Tage, eine Ewigkeit und doch wie ein Flügelschlag, einen Seufzer lang. Ich richtete mich ein in ein Leben ohne ihn. Es geht nun, doch es hat nicht mehr den Glanz wie damals. Das Leben nimmt seinen Lauf. Es geht, es geht irgendwie!"

Was uns beim Trauern helfen kann

Oft ermutige ich Trauernde, nur die Menschen an sich heranzulassen, die ihnen wohltun. Man spürt das sofort. Es kommen Neugierige und Vielredner, solche, die nur ihre eigenen Geschichten anbringen, die nicht sensibel sind. Da darf man auch ruhig abblocken und sagen: „Ich kann zurzeit oder will nicht darüber reden. Ich brauche jetzt einfach Zeit für mich!"

Es ist auch gut, im eigenen Herzen sozusagen zwei „Räume" zu haben: einen für die Trauer und einen für die Freude. Manchmal zieht es uns in die Kammer der Trauer. Wir lesen alte Briefe, schauen Fotos an, lassen die Tränen rinnen … Aber dann wissen wir, das Leben muss weitergehen, die Kinder, die Arbeit, Verpflichtungen warten. Dann gehen wir wieder hinaus, schließen die Türe ab und wenden uns dem zu, was kommt oder zu tun ist.

Wir sollten auch mit uns selbst Geduld haben. Für andere Menschen brauchen wir sie sowieso, vor allem, wenn sie uns mit guten Ratschlägen zupflastern, auf die Nerven gehen.

Wir dürfen uns auch zugestehen, dass uns vieles – vor allem am Anfang – nicht so leichtfällt wie früher. Wir fühlen uns körperlich und seelisch schlapp. Die Regeneration – das Finden der früheren Energie und von Lebensinhalten – braucht seine Zeit. Gestehen wir uns zu, dass wir auch schlechte Tage oder Phasen haben. Der

Trauerweg hat manche Schlaglöcher und Windungen, führt oft mühsam bergauf.

Alle Trauernden entwickeln ihre persönlichen Rituale. Sie zünden Kerzen an, gehen regelmäßig auf den Friedhof oder an Orte, die für sie eine besondere Bedeutung haben, streicheln das Foto des geliebten Menschen … Rituale sind wie ein Stiegengeländer. Sie geben Halt, haben eine heilsame Wirkung, öffnen den Raum des Herzens, verbinden uns mit anderen, stiften Sinn.

Der Segen der Trauernden

Gesegnet seien alle,
die mir jetzt nicht ausweichen.
Dankbar bin ich für jeden,
der mir einmal zulächelt
und mir seine Hand reicht,
wenn ich mich verlassen fühle.

Gesegnet seien die,
die mich noch besuchen,
obwohl sie Angst haben,
etwas Falsches zu sagen.

Gesegnet seien alle,
die mir erlauben,
von dem Verstorbenen zu sprechen.

Ich möchte meine Erinnerungen nicht
totschweigen.
Ich suche Menschen,
denen ich mitteilen kann,
was mich bewegt.

Gesegnet seien alle,
die mir zuhören,
auch wenn das, was ich sage,
schwer zu ertragen ist.

Gesegnet seien alle,
die mich nicht ändern wollen,
sondern mich geduldig so annehmen, wie ich
jetzt bin.

Gesegnet seien alle, die einfach da sind –
mit ihrem Schweigen, mit ihrem Mittrauern
und ihrer eigenen Ratlosigkeit.
Sie zeigen mir, dass ich jetzt nicht allein bin.
(nach Maria-Luise Wölfing)

In den Nebel hinein
laufen und tanzen

Wie eine Nebelwand können sich oft die Fragen auftürmen: Wie geht es weiter? Schaffe ich das? Was erwartet mich noch? Eine Fragezeichen-Nebelbarriere.

Eine Frau bekommt eineinhalb Jahre vor ihrer Pensionierung einen neuen Chef, mit dem sie sich überhaupt nicht versteht und der sie auch an den Rand drängt.

Ein schwerkranker Mann sagt mir: „Ich muss schauen, wie ich den Prozess auf die Reihe bringe." Er meinte damit den Weg seines Sterbens.

Berufliche, gesundheitliche, finanzielle Krisen und Beziehungsprobleme können das Leben verdüstern. Ein für mich wichtiger Lebenssatz des Schriftstellers Reinhold Schneider lautet: „Der Weg wächst im Gehen unter deinen Füßen, wie durch ein Wunder!"

Auch wenn die Zukunft noch vernebelt ist, man nicht weiß, wie es weitergehen soll oder wie wir alles schaffen, was auf uns zukommt, ist es doch gut, mit einem Grundvertrauen einfach einen Schritt nach dem andern zu setzen. Nach und nach bekommen wir Boden unter den Füßen und wir finden eine Lösung. Im Nachhinein wundern wir uns oft, wie wir das alles bewältigt und durchgestanden haben: „Ich setzte meinen Fuß in die Luft und – sie trug!“ (Hilde Domin)

Das körperliche Gehen wirkt befreiend auf die Seele

Die Antworten für alle Ungewissheiten ergeben sich nicht sofort. Oft kommen uns gerade beim Laufen verschiedene Ideen und neue Einsichten. Wir bleiben dann nicht im Labyrinth der kreisenden Gedanken stecken. Wir fragen oft jemanden: „Wie geht's dir?“ Solange wir gehen können, geht es, weil wir nicht an einem Punkt erstarren.

Der Psychotherapeut Reinhard Haller sagt sinngemäß: „Gerade das Bergwandern hat eine antidepressive Wirkung und wirkt angstlösend, es vermittelt Gelassenheit und schenkt eine distanzierte Sichtweise.“ Das Körpergefühl ist bei der körperlichen Bewegung viel intensiver als sonst, da kommen Leib und Seele wieder zusammen.

In einem Pfarrblatt fand ich folgenden Text:

Sich auf den Weg machen,
alte Gewohnheiten zurücklassen,
in die Zukunft blicken,
neue Wege ausprobieren.
Es nicht eilig haben, langsam gehen,
Angst und Zweifel überwinden.
Im Vertrauen leben,
Mut schöpfen
auf neue Chancen hoffen.

In Anlehnung daran möchte ich ein „Geh-Gebet" formulieren:

Gott, so vieles liegt unklar vor mir. Es fehlt mir die Kraft zum Aufbruch und die Energie, Schritte zu setzen. Alles ist mühsam und schwer. Deshalb: Stärke mich, wenigstens etwas zu tun, was in meinen Kräften liegt. Nur für heute bitte ich. Und morgen komme ich wieder. Der Gedanke, dass du mit mir gehst, möge mich aufrichten. An jedem Morgen spüre ich die Last auf meinem Herzen. Aber immer wieder wird es auch Abend. Irgendwie. Gib mir wache Augen, damit ich die Blumen am Wegrand sehe. Sie blühen tapfer, sie sind das Lächeln der Schöpfung und ein Augenzwinkern von dir, mit dem du sagst: „Es geht schon. Und ich begleite dich." Danke für diese leise Ermutigung!

Das Gehen ist ein Dauerthema der Bibel

Es gibt sehr viele Stellen in der Hl. Schrift mit dem Auftrag „Geh“ oder „Geht“:

Ein paar Beispiele: *Nimm dein Bett und geh! Geht, ich sende euch wie Schafe unter die Wölfe. Geht an die Straßen und Zäune! Geh zuerst und versöhne dich mit deinem Bruder! Geh zu deinen Angehörigen. Geht in die Dörfer und Städte! Komm und geh mit mir! Geh in das Land, das ich dir zeigen werde! Dein Vertrauen hat dich gerettet, geh in Frieden!* Und viele Sätze mehr.

Jesus selbst hatte kein Daheim und war dauernd unterwegs.

Und in der Apostelgeschichte werden die Christen als Anhänger des neuen Weges bezeichnet (vgl. Apg 9,2). Die Kirche selbst ist nach den Worten des Konzils das neue Volk Gottes unterwegs.

Im Gehen sind wir ständig in Bewegung, und so kann sich auch in unserem Geist etwas bewegen. Wir lassen uns auf einen Weg ein, der sich stets wandelt, und wir verwandeln uns mit. Es bewegt sich etwas in uns.

Ein wunderbares Gedicht von Dorothee Sölle lautet:

Lasst uns Gehende bleiben.
Wir sind nicht ganz zu Hause auf dieser Welt,
Wenn wir pilgern,
sind wir nicht nur wir.
Er geht mit. Er ist dabei.

Wir sind unterwegs
mit dir, Gott,
durch Dunkel und Nässe,
durch Nebel und oft
ohne Weg und
nicht selten ohne Ziel.

Wir sind Wanderer.
Wir sind Gehende.
Wir sind noch nicht ganz angekommen.
So wandert Gott mit uns
und lehrt uns
das Gehen und
Suchen.

Wer nicht aufbricht, kann auch nicht ankommen, wo immer das sein wird. Deshalb ist es gut, wenn wir in allen unsicheren und unklaren Situationen einfach zuerst einmal körperlich – wenn es möglich ist – gehen, regelmäßig, mit der Option: Ich traue Gott zu, dass mein Weg mich schon weiterführt, auch wenn ich jetzt das Ziel (noch) nicht sehen kann.

Stehen bleiben und dauernd zurückblicken hilft nicht weiter. Was gewesen ist, ist vorbei.

Eine 86-jährige Frau, die herzkrank war, sagte mir: „Ich danke dem Herrgott jeden Abend für den vergangenen Tag und sage dann: Wenn du mich holen willst, ist es auch recht. Ich bin bereit!“ Und so war es auch. Sie starb während des Betten-Machens am Vormittag und hatte auf ihrem Gesicht einen Ausdruck des überraschten Schauens. Was sie da wohl gesehen hat?

Und das Tanzen?

In anderen Kulturkreisen gehört das Tanzen auch zu den Trauerritualen. Ich besuchte ein Seminar für griechische Trauertänze. Im ritualisierten Schreiten nach einem gemeinsamen Muster fühlt man sich aufgehoben, getragen.

Bei manchen dieser Tänze wird auch ein Lied gesungen, z. B. folgendes:

Gebet – Prosefchi

Gib mir eine Grenze, um zu gehen.
Gib mir einen Namen, damit ich mich nicht verliere.

Gib mir einen Traum, an dem ich mich festhalten kann.
Gib mir eine Vision, damit ich widerstehen kann.
Gib mir ein Kind, damit ich wieder ein Kind werde.
Gib mir einen Kuss, damit ich vom Bösen loskomme.
Wecke mich am Morgen mit einer Melodie,
die mir hilft zu sagen:
Es lohnt sich, dass ich dieses Leben lebe.

Bei meinen Hospizschulungen und Trauerseminaren mache ich immer auch Kreistänze.

Sie helfen mit, dass wir uns körperlich einbringen, sie verbinden die Teilnehmer/innen, sie lösen etwas die Schwere der Themen „Sterben" und „Trauer".

Auch Männer, die oft sagen, sie seien keine Tänzer, lassen sich dabei mitnehmen und stellen fest, dass diese Art von Tanz einem wohltut.

In den Nebel hinein

vertrauen

Die Worte „trauen, vertrauen, Treue“ leiten sich ab von der Sprachwurzel „Baum“, dem englischen Wort „tree“. Vertrauen bedeutet also, dass man wie ein Baum in einer Beziehung wurzeln kann, verwurzelt ist, und daraus die Kraft schöpft, zu wachsen, zu blühen und Frucht zu bringen im Leben. Im Psalm eins heißt es deshalb: *Selig der Mann (Mensch), der Gefallen hat an der Weisung des HERRN, bei Tag und bei Nacht* über seine Weisung *nachsinnt. Er ist wie ein Baum, gepflanzt an Bächen voll Wasser, der zur rechten Zeit seine Frucht bringt und dessen Blätter nicht welken. Alles, was er tut, es wird ihm gelingen* (Ps 1,1–3). Damit ist gemeint, dass das Gottvertrauen der Wurzelgrund ist für ein gutes, gelingendes Leben.

Aber mit dem Vertrauen ist es so eine Sache: „Trau, schau, wem!“ lautet ein Sprichwort. Das Vertrauen kann auch missbraucht werden, und viele Ehen scheitern, weil das Vertrauen zu einem Menschen doch nicht gehalten und getragen hat.

Auch das Gottvertrauen kann einem oft verloren gehen.

Wer fängt an?

Zuerst einmal vertraut Gott dem Menschen. Ein schöner Satz von Rabindranath Tagore lautet: „Jedes Kind, das auf die Welt kommt, bringt die Botschaft, dass Gott die Lust am Menschen noch nicht verloren hat!“ In einer anderen Übersetzung: „Dass Gott sein Vertrauen in den Menschen sich bewahrt hat“, wörtlich in Englisch: „That God is not discouraged“, nicht entmutigt ist.

Es gibt Bibelstellen, in denen es Gott reut, den Menschen erschaffen zu haben (Gen 6,6 u.a.). Aber er kann ja gar nicht anders, als uns zu lieben.

Die ganze Schöpfung hallt die Liebesmelodie und das Lied des Menschenvertrauens Gottes wider, der uns als sein Ebenbild, als Liebesfähige ins Leben gesetzt hat.

Und er bleibt dabei.

Vertrauen wir Gott?

Das ist nicht immer einfach, weil vieles, was uns belastet, unser Gottvertrauen untergräbt, schwinden lässt.

Als Jesus in der Nacht über das Wasser auf die Jünger zukommt und sie vor Angst schreien, ruft er ihnen zu: *Habt Vertrauen, ich bin es; fürchtet euch nicht*! (Mt 14,27)

Der belgische Kardinal Léon-Joseph Suenens, eine der großen Gestalten beim Konzil, erzählte folgende Geschichte:

Eines Nachts brach in einem Haus ein Brand aus. Während die Flammen hervorschießen, stürzen Eltern und Kinder aus dem Haus. Entsetzt sehen sie dem Schauspiel dieses Brandes zu.

Plötzlich bemerkten sie, dass der Jüngste fehlte, ein fünfjähriger Junge, der sich im Augenblick der Flucht vor Rauch und Feuer fürchtete und in den oberen Stock geklettert war. Man schaute einander an. Keine Möglichkeit, sich in etwas hineinzuwagen, das immer mehr zu einem Glutofen wird. Da öffnete sich oben ein Fenster. Das Kind schrie um Hilfe. Sein Vater erblickte es und rief ihm zu: „Spring!"

Das Kind sah nur den Rauch und die Flammen. Es hörte aber die Stimme des Vaters und antwortete: „Vater, ich sehe dich nicht!" Der Vater rief zurück: „Aber ich sehe dich, und das genügt! Spring!"

Das Kind sprang und fand sich heil und gesund in den Armen seines Vaters, der es aufgefangen hatte.

Ob Rauch oder Nebel, es ist das gleiche Bild: Wir sehen oder spüren oft nichts von Gott und vernehmen doch seine Einladung, ihm zu vertrauen. Es gibt zahlreiche Bibelstellen, in denen wir aufgefordert werden, unsere Ängste auf Gott zu werfen, Vertrauen auf ihn zu haben.

Die Erzählung von „Daniel in der Löwengrube" (Dan 6,3–29) sagt: Auch wenn wir uns wie in einem Loch fühlen, von den „Löwen" feindlich gesinnter Menschen, von schlechtem Gerede, unwahren Behauptungen bedroht sind, Gott hilft uns aus diesen Situationen heraus.

Und die Geschichte von den „drei jungen Männern im Feuerofen"(Dan 3) bringt im Grunde dieselbe Botschaft: König Nebukadnezzar hatte sie wegen ihres Glaubens verbrennen lassen wollen, aber diese drei hielten an ihrem Gott fest. Sie gingen unbeschadet durch die Flammenhölle und lobten sogar in einem herrlichen Lied ihren Gott.

Wenn uns also eine böse Nachricht, eine Sorge oder Trauer auf der Seele brennt und wir uns von Gott verlassen fühlen, ist es gut, trotz allem an ihm uns festzuhalten.

Alexander I. Solschenizyn hat ein tröstendes Gebet geschrieben:

Wenn ich zweifelnd
nicht mehr weiter weiß
und meine Vernunft aufgibt,
wenn die klügsten Leute
nicht mehr weiter sehen
als bis zum heutigen Abend
und nicht wissen,
was man morgen tun muss,
dann sendest du mir eine
unumstößliche Gewissheit,
dass du da bist
und dafür sorgen wirst,
dass nicht alle Wege zum Guten versperrt sind.

Und das Vertrauen zu Menschen?

Auch das ist manchmal schwer, wenn wir enttäuscht, ausgenützt worden sind, andere uns übel mitgespielt haben. Dann ziehen wir uns zurück, weil die ungute „Geschichte" uns einfach nur wehtut.

Und bauen eine Mauer ums Herz, um uns vor neuen Verletzungen und Bitternissen zu schützen.

Irgendwann sind wir alle, jeder und jede von uns, so tief getroffen von einer Trennung, einer missbrauchten Freundschaft, von einem Urteil, das über uns gesprochen worden ist, dass wir für uns denken: „Nie mehr werde ich etwas sagen, nie mehr gehe ich eine enge Beziehung ein. Der Schmerz ist für mein Herz zu groß. Das ist zu viel für mich. Ich ziehe mich zurück in meine vier Wände. Ich will überhaupt keinen Kontakt mehr!“

Das alles ist verständlich. Aber welch ein Preis! Denn es gibt keine Mauer ums Herz, die uns nur vor schlimmen Erfahrungen schützt.

Mit jedem Rückzug in uns selbst halten wir alles, alles von uns fern:

mit dem Schmerz auch die Freude, mit der Abneigung auch jede Zuneigung,

mit der Enttäuschung auch alle Hoffnung, mit den Qualen auch alle Lust.

Die unsichtbaren Wände schließen uns ein und machen uns einsam.

Vielleicht gelingt es uns doch, einen Ziegel nach dem andern abzubauen, mit jemandem zu reden, Sympathiegefühle zuzulassen, neue Kontakte einzugehen, Vertrauensschritte zu wagen, auch wenn wir nicht immer von vornherein wissen, wie sich die Beziehungen entwickeln.

„Das Vertrauen ist eine Oase im Herzen, die von der Karawane des Denkens nie erreicht werden wird.“

loslassen

Wie oft bekommen Trauernde, die sich nach Monaten oder Jahren mit einem Verlust schwertun, zu hören: „Du musst halt loslassen!" Eine für sie verletzende und im Grunde auch falsche Bemerkung. Es ist unmöglich, das, was gewesen ist, aus dem Webstück des gemeinsamen Lebens herauszuschneiden. Wir sollen es bewahren!

Natürlich wissen wir, dass wir uns im Lauf der Zeit von manchem trennen müssen, aber das Schöne sollen wir im Herzen behalten.

Es geht beim richtigen Loslassen um eine innere Grundhaltung, denn unser Leben ist nur im Rhythmus von Empfangen und Hergeben möglich. Das beginnt schon beim Atmen: Die Luft strömt in unsere Lungen ein, und wir atmen wieder aus. Mit jedem Atemzug, ein und aus, fließt uns das Leben zu.

Auch die Geburt ist eine Entbindung, ein schmerzliches Loslassen, aber nur so kann ein Kind auf die Welt kommen und leben.

Im Laufe des Lebens folgen noch viele Ent-bindungen, biologische, psychische, soziale, auch religiöse. Und einmal wird der Tod die letzte sein. Die Hospiz-Mitarbeiterinnen verstehen deshalb ihre Begleitung als Hebammendienst, der bei der ersten und letzten Geburt wichtig ist.

Sehr oft macht das Loslassen Angst, weil wir nicht genau wissen, was nachher kommt.

Wir möchten nicht in den Nebel der Ungewissheit hineinfallen. Wir haben nach den Worten der Bibel lieber den Spatz momentaner Sicherheit in der Hand als die Taube irgendeiner Zusage, eines Versprechens auf dem Dach.

Deshalb müssen wir das Lassen lernen. Monika Renz, eine Theologin und Psychologin aus St. Gallen, machte die Erfahrung, dass man leichter sterben könne, wenn einem das Loslassen gelingt. Für sie ist das auch ein überzeugendes Argument gegen die Euthanasie: Dort, wo wir endgültig alles lassen müssen, wollen viele nochmals die Macher sein und das Ende selbst bestimmen.

Einübung ins Lassen

Jörg Zink hat in seinem Buch „Wie wir beten können" ein wertvolles Gebet geschrieben, das eigentlich auf Blaise Pascal (1623–1662) zurückgeht.

Vielleicht tun wir uns bei manchen dieser Sätze schwer, denn so einfach können wir das nicht sagen und auch nicht leben. Zu vieles möchten wir noch festhalten.

Ich lasse mich dir und bitte dich:
Mach ein Ende aller Unrast.

Ich lasse mich dir, damit mein Herz zur Ruhe kommt, heißt es in einer anderen Übersetzung.

Unruhig ist unser Herz, betet schon der hl. Augustinus. In unserer hektischen, nervösen, lärmigen Zeit tut es wohl, einfach nichts tun zu müssen, sondern nur zu sein, dazusitzen, zu liegen und sich selbst zu spüren mit allem, was in uns ist und uns bewegt.

Meinen Willen lasse ich dir.
Ich glaube nicht mehr, dass ich selbst verantworten kann,
was ich tue und was durch mich geschieht!
Führe mich und zeige mir deinen Willen.

Beten wir da nicht über uns hinaus, denn im Grunde wollen wir doch so vieles und immer noch etwas bis hin zu einem sanften Tod. Aber wäre es nicht tröstlich, an einen größeren, alles umfassenden Willen Gottes glauben zu können, der es gut meint mit uns und dessen Erbarmen wie ein großes Netz unter uns ausgespannt ist, uns hält und trägt.

Wer von uns weiß denn schon, was das Bessere ist – für uns und in unserem Leben? Das werden wir erst in der gesamten Rückschau, von einer „anderen" Seite her, erkennen und beantworten können.

Meine Gedanken lasse ich dir.
Ich glaube nicht mehr, dass ich so klug bin,
mich selbst zu verstehen,
dieses ganze Leben oder die Menschen.
Lehre mich, deine Gedanken zu denken.

Es ist unglaublich, was in unserem Kopf vor sich geht. Das Denken lässt sich nicht einfach abschalten. Vor allem aber macht uns die Phantasie zu schaffen, die ist schlimmer als die Realität. „Was ist, wenn ich das und das nicht mehr kann? Wie wird es weitergehen, mit mir und meinen Nächsten?"

„Wie ist das, wenn ich sterbe?", fragen mich manchmal die Kranken.

Ich bin überzeugt, dass die Lösungen Gottes besser sind als unsere Fragen und Sorgen.

Es ist gut, wenn wir das, was uns beschäftigt, doch Gott übergeben können mit einem tiefen Grundvertrauen: Er wird schon wissen, warum und wie.

Romano Guardini, ein großer Theologe, der viele Jahre an der schmerzhaften Trigeminus-Neuralgie und an Depressionen litt, sagte, er wisse schon, dass er sich einmal vor Gott verantworten müsse. Aber er habe schon auch noch einige Fragen, die er Gott stellen möchte: Warum das Leiden so vieler Unschuldiger, der Tod von Kindern und auch das Schwere im eigenen Leben? Warum all diese Umwege?

Meine Pläne lasse ich dir.
Ich glaube nicht mehr, dass mein Leben seinen Sinn findet
in dem, was ich erreiche von meinen Plänen.
Ich vertraue mich deinem Plan an,
denn du kennst mich.

Als junger Mensch hat man verschiedene Pläne, schulisch, beruflich, familiär, sportlich usw.

Ist ja auch gut so. Wenn man nicht weiß, welchen Weg man gehen soll, ist keiner der richtige. Allerdings muss man manche Wege erst einmal ein Stück weit ausprobieren, um zu wissen, ob ich da weitergehen soll und will. Mir ist es selbst so ergangen. Ich hatte nach der Matura zwei Optionen im Kopf und dachte, jetzt probiere ich es zuerst einmal mit dem Theologiestudium.

Da es mir recht gut gefallen hat, machte ich weiter, bis dann nach fünf Jahren die Frage kam, ob ich mich auch weihen lassen sollte. Ich hatte kein Berufungserlebnis und dachte im negativen Ausschlussverfahren: „Lieber Gott, wenn dieser Weg nicht der meine sein sollte, lass es mich irgendwie spüren." Aber auch das blieb aus, und so wagte ich den Schritt zur Priesterweihe in der Hoffnung, dass es die richtige Entscheidung ist.

Die große Kunst liegt darin, dass man aus den gegebenen Situationen das Beste macht. Theoretisch gäbe es auch beim Heiraten wahrscheinlich so manche Partner, die besser zu einem passen.

Dennoch besteht die Aufgabe und das Wunder der Liebe darin, dass man genau diese Beziehung so lebt, dass eine geglückte und glückliche Ehe daraus erwächst.

Es gibt im Leben keine Garantien für ein sorgen- und problemfreies Leben. Auch die dunklen Stunden gehören dazu.

Sicher ist es aber gut, sich immer wieder zu fragen, was sich Gott für mich ausgedacht hat, und ihm zuzutrauen, dass selbst Umwege oder

Irrwege nie sinnlos sind, denn er geht auch diese mit.

Meine Sorgen um andere Menschen lasse ich dir.
Ich glaube nicht mehr,
dass ich mit meinen Sorgen irgendetwas bessere.
Das liegt allein bei dir. Wozu sollte ich mich sorgen?

Wer hat schon keine Sorgen – im Blick auf liebe Menschen, im Blick auf sich selbst. Auch wenn sich die Jüngeren cool und lässig geben, so beschäftigt sie doch so manches Problem, auch die Frage: Schaffe ich das? Wie wird meine Zukunft sein? Den Spruch „no future" – „keine Zukunft" unterschreiben überraschend viele Jugendliche.

Und die Älteren sorgen sich aufgrund ihrer Lebenserfahrungen erst recht in vielerlei Hinsicht.

In diesem Gebet steht interessanterweise: „Meine Sorgen um andere …" Es geht also zuerst nicht ums eigene Wohl, sondern um die Menschen, die uns am Herzen liegen. Und wie wir auch viele der eigenen Sorgen nicht selbst lösen können, so erst recht nicht die um unsere Lieben.

Die können wir nur immer wieder Gott ans Herz legen.

Die Angst vor der Übermacht der anderen lasse ich dir.
Du warst wehrlos zwischen den Mächtigen.
Die Mächtigen sind untergegangen. Du lebst.

Die Ohnmacht lähmt unser Denken und Handeln. Andere bestimmen über uns, haben mehr zu sagen als wir selbst, können sich ins bessere Licht setzen, gelten mehr. Es ist tröstlich, sich dann an Jesus zu halten. Der am Kreuz festgenagelte Jesus konnte auch nichts mehr machen. Das Einzige, das ihm blieb: Sterbend ließ er sich in die Hände seines Vaters fallen, der ihn nicht *vor* dem Tod bewahrte, wohl aber *aus* dem Tode herausholte. So wurde der elend zugrunde gegangene Absteiger zum Aufsteiger. Im Blick auf Jesus öffnet sich eine Hoffnungstüre, dass es auch für uns einmal die große Wende gibt.

Meine Furcht vor meinem eigenen Versagen lasse ich dir.
Ich brauche kein erfolgreicher Mensch zu sein, wenn ich ein gesegneter Mensch sein soll nach deinem Willen.

„Erfolg ist keiner der Namen Gottes", sagt Martin Buber. Er heißt: der Barmherzige, der Erbarmer, der Liebende, der ganz Andere. Das soll unsere Hoffnung sein. Wir dürfen auch mit leeren Händen zu ihm kommen und einmal als Torso sterben, als Unvollkommene, als Mangelwesen mit verschiedenen Defiziten. Unsere Hoffnung ist, dass Gott diese auffüllt und die Welt und uns richtet, nicht im Sinn von verurteilen, sondern von richtig machen.

Alle ungelösten Fragen, alle Mühe mit mir selbst,
alle verkrampften Hoffnungen lasse ich dir.
Ich gebe es auf, gegen verschlossene Türen zu rennen,
und warte auf dich. Du wirst sie öffnen.

Die meisten Fragen bleiben offen, alles Leiden an den eigenen Mängeln lösen wir nicht selbst. Die Türe zum Leben können wir nicht einfach aufbrechen, aber wir vertrauen in den Nebel unserer Unsicherheiten und Begrenztheit hinein, dass *„wir in Gott hineinsterben“* (Martin Buber). Dann werden wir erkennen und verstehen, dann wischt ER die Tränen von unseren Augen, und alles wird gut.

Ich lasse mich dir. Ich gehöre dir, Herr.
Du hast mich in deiner guten Hand.
Ich danke dir.

hoffen

Vom römischen Philosophen Cicero (43 v. Chr. ermordet) stammt der Satz: „Dum spiro spero!" – „Solange ich atme, hoffe ich!" Die Hoffnung ist der Lebensquell.

Die Hoffnung stirbt zuletzt!

So sagt man. Eine Frau schrieb mir: „Gestern Abend ist etwas in mir zerbrochen. Der Grund ist eigentlich eine Kleinigkeit. Dummerweise habe ich jemandem meine Gefühle gezeigt. Aber das war nicht gut. Ich wurde so verletzt. Ich hasse mich selbst. Jetzt bin ich in der Verfassung, dass mir alles egal ist. Am liebsten würde ich mich verkriechen …" Ihre innerste Hoffnung wurde zerstört.

Ein Mann, 57, schwer krebskrank, sagte mir kurz vor seinem Tod: „Ich würde schon gerne noch eine Zeit lang leben, sie brauchen mich noch, aber das ist auch kein Leben mehr!" Ich konnte ihn verstehen, weil ihn unglaubliche Schmerzen,

Panikattacken, Atemnot quälten. „Warum lässt er – Gott – mich nicht gehen?“

Adrian Naef schrieb in seinem Buch „Nachtgängers Logik. Journal einer Odyssee“:

Den fünfzigsten Geburtstag erlebte er als das furchtbarste Fest. Er brachte es noch über die Runde, aber dann lief das Schwungrad seines Lebens aus. Nach dem Tanken saß er in seinem Auto und konnte den Zündschlüssel nicht mehr umdrehen. Es schien ihm absolut sinnlos.

Ohne Hoffnung verliert das Leben seinen Sinn. Darum brauchen wir etwas, worauf wir hoffen können, auch wenn wir nicht sehen, wie es weitergeht, und alles vom „Nebel“ verhüllt ist.

Woher kommt die Hoffnung?

Nach Sigmund Freud liegen die Sinnquellen darin, dass wir arbeiten, lieben und genießen können. Viktor Frankl fügt noch eine vierte Sinnmöglichkeit hinzu, nämlich das Ertragen und Bewältigen von Leid. Das ist wirklich eine große Leistung. Die Kraft dazu fließt für viele aus dem Glauben, dass alles einen Sinn hat oder haben muss. Sie wissen sich umfangen und getragen von einem Gott, der unsere Lebens- und Sterbenswege mitgeht und uns im Tode eine Türe zum Leben öffnet. Unsere Vorfahren haben auch schwerste Zeiten durchgestanden mit zwei Glaubensüberzeugungen: Es wird schon für etwas gut sein, und: Der Herrgott wird's schon richten, richtig machen. Sie hielten sich in ihrem Glauben diese Option offen.

Ist die Hoffnung nicht zutiefst verbunden mit der Tatsache, dass wir leben? Ein Urtrieb des Lebens selbst? Jede Schwangerschaft, jeder Frühling ist ein Keim der Hoffnung. Auch alle Fragen der Kinder, die erahnen, dass es dazu die Antworten geben muss.

Der Faden Hoffnung in der Bibel

Hat Gott nicht selbst unverwüstliche Hoffnung, wenn er die Welt erschafft und offensichtlich überzeugt ist, dass das „Projekt Mensch" nicht vergeblich ist? Alle Texte der Hl. Schrift künden von diesem Ringen um die Hoffnung im Blick auf Gott oder seinerseits auf die Menschen?

Eine spannende Geschichte finden wir beim Propheten Jeremia. Der erhielt in Kriegszeit, als das ganze Land von den Babyloniern besetzt und zerstört war und er selbst gefangen gehalten wurde, von Gott den Auftrag, er solle sich in Anatot einen Acker kaufen.

In der Notzeit, noch während der Kriegswirren, solle er daran glauben, dass er wieder das Feld bestellen könne (Jer 32,1–15). Auch die Psalmen bringen unaufhörlich die Leiden, Sorgen, Ängste der Menschen zum Ausdruck (*Warum lässt du mich fallen*? *Ich gehe zugrunde. Gott, wo bist du*?) und gleichzeitig auch ein ganz großes Gottvertrauen (*Du wirst mich retten, du holst mich aus der Grube, du bist mein Retter*).

Der sterbende Jesus am Kreuz schreit: *Mein Gott, mein Gott, warum hast du mich verlassen*? (Mk 15,34). Und trotzdem kann er sagen: *Vater, in deine Hände lege ich meinen Geist*! (Lk 23,46). Der Vatergott bleibt seine Hoffnung. Er stirbt in den „Nebel" der Angst und des Vertrauens hinein.

Das kleine Mädchen Hoffnung

Der Franzose Charles Péguy (1873–1914), der im Ersten Weltkrieg fiel, hat in einer berührenden Hymne ein Lob der Hoffnung geschrieben. Darin lässt er Gott selbst zu Wort kommen:

Ich bin, spricht Gott, Herr der drei Tugenden.
Glaube ist ein getreues Eheweib.
Liebe ist eine zärtliche Mutter.

Doch Hoffnung ist ein ganz kleines Mädchen.
Glaube hält stand
von Ewigkeit zu Ewigkeit.
Liebe verschenkt sich von Ewigkeit zu Ewigkeit.
Doch meine kleine Hoffnung,
sie ist es,
die alle Morgen früh aufsteht.
. . .
Sie wünscht uns alle Morgen
einen guten Tag.

In Péguys Gedicht findet Gott den Glauben und die Liebe nicht verwunderlich, denn glauben und lieben, so meint Gott, das geht von selbst.

Die Glaubenstreue ist wie eine verlässliche Gattin, die Liebe ist wie eine Mutter. „Aber die Hoffnung", so Péguy, „die Hoffnung geht nicht von selbst. Sie ist das Schwerste!"

Dieses kleine Mädchen Hoffnung geht zwischen ihren beiden großen Schwestern, dem Glauben und der Liebe, und man beachtet sie gar nicht. Sie trippelt verloren zwischen den Rockschößen ihrer großen Schwestern. Und es sieht so aus, als ob die beiden Großen die Kleine an der Hand voranschleppten. Und dabei ist sie es, die Kleine, die alles mit sich reißt.

Glaube ist eine Kirche, ein Dom,
in Frankreichs Boden verwurzelt.
Liebe ist ein Spital, ein Krankenhaus,
das alles Elend der Welt aufnimmt.
Doch ohne die Hoffnung
wäre all das nur ein Kirchhof.

Kann man die Hoffnung schöner beschreiben?

Einübung in die Hoffnung

Man kann die Hoffnungsleine weit spannen, bis über den Tod hinaus, bis zum Himmel oder bis zu Gott. Das ist auf alle Fälle gut und sinnvoll. Hoffende nehmen Gott beim Wort, dass er dort ist, wo wir sind. Und dann kann nichts endgültig danebengehen.

Oft ist es hilfreich, die Hoffnung auf den heutigen Tag zu reduzieren. Den können wir besser überschauen und gestalten als die gesamte Lebenszeit.

Vielleicht wäre es gut, in Anlehnung an Phil Bosmans sich öfters zu sagen:

Heute ist der erste Tag vom Rest meines Lebens.
Heute habe ich Geburtstag,
weil ich diesen Tag erleben darf.

Es gibt ihn nur ein einziges Mal in meinem Leben.
Was er wohl bringt? Gewohntes und auch Neues.
Ich hoffe, dass wenigstens ein paar Sonnenstrahlen durch die Nebel dringen,
die auf meinem Herzen liegen.
Und wenn ich in den dunklen Stunden einige Hoffnungssterne sehe,
freut es mich.
Die Last von gestern möchte ich zurücklassen.
Heute lebe ich,
und ich kann auch etwas dazu beitragen, dass es ein guter Tag wird.

Die Hoffnung blüht mitten in allem Elend der Welt, in den liebenden Beziehungen, an den Krankenbetten, an den Gräbern, in den dicken Nebeln. Sie kommt einfach von selbst, wenn wir im Herzen Ritzen freilegen und denken: Es muss doch noch mehr geben, es kann das alles doch nicht das Letzte sein. Jede Eucharistiefeier hält die Hoffnung wach, weil wir feiern, dass Tod und Auferstehung zusammengehören. Und die Bibel ist voll von offenen Hoffnungsfenstern.

lieben

Es gibt keine Definition von der Liebe, sondern nur Beschreibungen.

Schon die Griechen sprachen von drei Formen der Liebe: Sexus, Eros und Agape. Die sexuelle Anziehung und Befriedung ist allen Lebewesen, Menschen und Tieren, angeboren, um primär die Erhaltung der eigenen Gattung zu sichern, verbunden mit einem Lustgewinn.

Eros meint die Anziehung von etwas, das mir gefällt, mich anzieht, „reizt", und das ich gerne haben oder genießen möchte. Dasselbe gilt auch im Blick auf andere Menschen, die wir sympathisch, interessant finden, für die wir besondere Gefühle empfinden.

Mit Agape ist die Liebe gemeint, die dem anderen zugetan ist ohne Bedingung und Vorleistung. Wir lieben dann eine andere, einen anderen nicht, weil sie oder er so attraktiv ist und uns gefällt, sondern umgekehrt: Wir möchten oder tun dem Mitmenschen Gutes, unabhängig von seinem Verhalten oder seiner Art. Das macht ihn liebenswert, der Liebe wert, und deshalb ist sie oder er auch grundsätzlich liebenswürdig. Natürlich ist diese Form von Liebe nicht leicht, sondern eine große Herausforderung. Sie entspricht der Liebe Gottes.

Wir handeln oft nach dem Grundsatz: „Wie du mir, so ich dir", und meinen das meist negativ: „Wenn du mich nicht grüßt, mir nicht hilfst, grüße ich dich auch nicht, helfe ich dir nicht!" Wir sollten einen neuen Grundsatz lernen: „Wie Gott mir, so ich dir!"

Aber – haben wir nicht oft schon erlebt, dass die Liebe nicht erwidert, das Gutsein nicht bedankt worden ist? Und dann? Hat die Liebe nicht auch Grenzen?

Vieles spricht gegen die Liebe

Das kommt im Gedicht von Erich Fried zum Ausdruck

Was es ist
Es ist Unsinn
sagt die Vernunft
Es ist was es ist
sagt die Liebe

Es ist Unglück
sagt die Berechnung
Es ist nichts als Schmerz
sagt die Angst
Es ist aussichtslos
sagt die Einsicht
Es ist was es ist
sagt die Liebe

Es ist lächerlich
sagt der Stolz
Es ist leichtsinnig
sagt die Vorsicht
Es ist unmöglich
sagt die Erfahrung
Es ist was es ist
sagt die Liebe

Wir können das wohl durch persönliche Erlebnisse bestätigen. Sollen wir in den „Nebel" der Ungewissheit und Undankbarkeit hinein trotzdem lieben? In den „Nebel" aller Bedenken hinein, gegen die Vernunft, die Berechnung, die Angst, die Einsicht, den Stolz, die Vorsicht, die (negative) Erfahrung? Wir wissen nie von vornherein, ob unsere Gefühle nicht ausgenützt werden, ob wirklich aus den Taten der Liebe etwas Gutes herauskommt.

Dieses Problem kennt auch Gott

Nach der Sintflut, ein Bild für die Boshaftigkeit der Menschen, die wie eine Flutwelle über die Menschheit hereingebrochen ist und alle mitgerissen hat, führt Gott ein Selbstgespräch: *Ich werde den Erdboden wegen des Menschen nicht mehr verfluchen; denn das Trachten des menschlichen Herzens ist böse von Jugend an. Ich werde niemals wieder alles Lebendige schlagen, wie ich es getan habe* (Gen 8,21). Und beim Propheten Hosea sagt er: *Je mehr man sie rief, desto mehr liefen sie vor den Rufen weg … Wie könnte ich dich preisgeben …? Gegen mich selbst wendet sich mein Herz, heftig entbrannt ist mein Mitleid. Ich will meinen glühenden Zorn nicht vollstrecken … Denn ich bin Gott, nicht ein Mensch* (Hos 11,2.8–9).

Er bleibt bei seiner Menschenliebe – trotz allem. Jesus von Nazareth verkörpert in einmaliger Weise diese Liebe Gottes. Sein Sterben am Kreuz war der Ernstfall seiner Liebe. Sein Gutsein brachte ihm den Tod. Seine Botschaft und sein Auftrag, dass wir einander lieben sollen, schienen in die Sinnlosigkeit und das Umsonst zu zerrinnen.

Aber der Ostermorgen, die Auferstehung Jesu brachte einen Umschwung: Die Liebe ist doch stärker als der Hass, alle Bosheit und Lieblosigkeit dieser Welt.

So lautet die Botschaft der Bibel. Alles vergeht, nicht nur die Lieblosigkeit, das Böse, auch der Glaube und die Hoffnung, nur die Liebe bleibt und überlebt alles, was ihr entgegensteht. Ohne Liebe wäre alles nichts, schreibt Paulus in 1 Kor 13. Sie allein gibt unserem Leben Sinn und Inhalt.

Der Spezialfall Ehe

„Wie viele Trauungen hast du schon gehalten?“, fragen mich die Leute. „Tausend oder mehr!“ „Und wie viel Paare sind noch beisammen?“ Das weiß ich nicht. Ehe ist nicht, Ehe wird, und ob das gelingt, was sich zwei Menschen versprechen, kann man erst am Ende des Lebens sagen.

Oft ist die Anfangsphase einer Beziehung nebelig. Oder man entdeckt eines Morgens, dass ein Nebel über der Beziehung liegt. Trotz der hohen Scheidungsrate von fast fünfzig Prozent heiraten junge Menschen in der Zuversicht, dass es ihnen es doch gelingt, einander zu lieben, zu respektieren und wertzuschätzen, und das sogar ein Leben lang.

Die Heirat ist wie ein Fallschirmsprung, den man wagt, auch wenn die Bodensicht nicht sehr gut ist, ein paar Nebelbänke über der Erde liegen.

Manchmal erlebe ich, dass Menschen, die in ihrer Beziehung auseinandergedriftet sind, sich auf ganz andere Weise Liebe schenken, eine gereifte, entzauberte, realistische Liebe.

Ich begleitete einen Mann, der an Krebs erkrankt war. Einige Zeit vorher hatte er sich von seiner Frau und den zwei schon etwas größeren Kindern getrennt. Nun lebte er in einer neuen Partnerschaft. Dennoch hatte er den Wunsch, sich mit seiner früheren Gattin zu versöhnen.

Wir trafen uns zu dritt in einer Klosterkirche. Die beiden schafften es, in einem einfachen Ritual einander zu sagen, was sie aneinander schätzen, nach wie vor, und sie baten einander ganz ehrlich um Vergebung für das, was zur Trennung geführt hat. Ein Sonnenstrahl leuchtete durch den Nebel. In den letzten Tagen und Nächten wechselten sich beide Frauen in der Pflege ab und standen sogar beim Beerdigungsgottesdienst nebeneinander. Das ist eine großartige Haltung der zwei Trauernden. Für mich bedeutet diese Erfahrung, dass trotz aller Verletzungen Liebe gelingen kann.

In der Liebe gibt es keine Garantien. Man muss den Sprung auf einen anderen Menschen hin einfach wagen. Manchmal werden wir von der Liebe gehalten, wird sie erwidert, manchmal fallen wir in ein Loch. Ich denke an einen älteren

Patienten, der kurz vor seinem Sterben sagte: „Ich wäre meinen Kindern so gerne ein guter Vater gewesen, aber ich habe es nicht geschafft." Allein schon, dass er das sagen konnte, finde ich positiv. Er wollte lieben, aber konnte es nicht.

Bäume pflanzen

Es gibt oft Situationen, in denen wir völlig ratlos sind. Hundert Gedanken oder Fragen schwirren in unserem Kopf herum. Das Grübeln hilft nicht weiter, im Gegenteil, das Herz wird einem immer schwerer und der Kopf nur wirrer. Auch in den Tagen der Trauer fühlen wir uns wie gelähmt. Wir können nicht beten, nicht ruhig denken. In solchen Situationen ist es oft das Beste, dass wir nicht nur grübelnd dasitzen, sondern einfach etwas tun.

Ein schönes Beispiel dafür ist für mich die Erzählung, dass Petrus nach dem Tod und der Auferstehung Jesu überhaupt nicht wusste, wie es jetzt weitergehen soll. Und dann sagte er zu einigen seiner Apostelkollegen: *Ich gehe fischen!* Die anderen erklärten: *Wir kommen auch mit!* (Joh 21,3). Das klingt so, wie wenn wir sagen: „Ich muss jetzt etwas tun. Ich gehe in den Garten, Rasen mähen, ich putze jetzt die Fenster …" Auch wenn es bei den Jüngern wie eine „Arbeitstherapie“ ausschaut, Petrus und seine Freunde machten dabei eine wunderbare Erfahrung. Sie begegneten ganz unerwartet dem Auferstandenen, der auf sie zukam und mit ihnen sogar am Ufer ein kleines Mahl hielt. Ihre Tätigkeit führte zu einer neuen Einsicht.

Man kann in den Nebel hinein, bei aller Ungewissheit und Unsicherheit, dennoch etwas tun, was zumindest momentan vernünftig ist. Martin Luther wird das Wort zugeschrieben, auch wenn es vermutlich nicht von ihm stammt: „Wenn ich wüsste, dass morgen die Welt unterginge, würde ich heute noch ein Apfelbäumchen pflanzen.“ Wenigstens das. Was dann aus ihm wird, weiß niemand. Und wenn Gott uns holt, während wir etwas Sinnvolles tun, ist das sicher nicht schlecht.

Das etwas Tun ist mehr als bloß Ablenkung

Egal, was kommt, wir sollen heute tun, was uns möglich und was nötig ist. Es ist einerseits gut, sich auf das Hier und Jetzt zu beschränken und nicht angstvoll auf die Zukunft zu starren.

Und gleichzeitig sollen wir eine Hoffnungstüre offenhalten, dass das Gute, das wir heute tun, nie vergebens ist.

Ein Gedicht von Lothar Zenetti lautet:

Zu sagen, man müsste was sagen

Zu sagen, man müsste was sagen, ist gut,
man müsste
man müsste was sagen.
Abwägen ist gut, es wagen ist besser,
doch wer macht den Mund denn schon auf?

Zu sagen, man müsste was machen, ist gut,
man müsste
man müsste was machen.
Gerührtsein ist gut, sich rühren ist besser,
doch wo ist die Hand, die was tut?

Zu sagen, man müsste was geben, ist gut,
man müsste
man müsste was geben.
Begabtsein ist gut, doch geben ist besser,
doch wo gibt es den, der was gibt?

Zu sagen, man müsste was ändern, ist gut,
man müsste
man müsste was ändern.
Sich ärgern ist gut, verändern ist besser,
doch wer fängt bei sich damit an?

Es gibt vieles, was uns in irgendeiner Weise belastet. Und wir denken oder sagen oft: „Da müsste man was tun", aber „man", wer ist das? Letztlich bin ich persönlich angefragt. Ob etwas geschieht und ob das Tun etwas „bringt", anderen oder mir selbst, wissen wir oft erst, wenn wir etwas getan oder zumindest versucht haben.

Ein Chefarzt eines psychiatrischen Krankenhauses sagte in einem Radiointerview: „Wenn ich selbst in diesem Haus Patient wäre und man würde mir eine Arbeitstherapie nahelegen, dann würde ich mich sofort zur Gartengruppe melden." Das Arbeiten in der Natur und mit den Pflanzen ist etwas Heilsames. Und einfach etwas tun – mit den eigenen Händen und Kräften, das löst auch vieles in der Seele. Früher gab es bei uns eine interessante Redewendung: „Die Erde zieht die Sorgen weg!" Wenn man im Garten oder auf dem Feld arbeitet, ist es, als ob die eigenen Probleme abfließen würden, in den Boden hinein, und wir fühlen uns dann selbst als Teil der Natur mit ihren wechselnden Jahreszeiten und sich wiederholenden Rhythmen.

Jedes Jahr gibt es in diesem Spital eine vorweihnachtliche Verkaufsausstellung, bei der mich sehr beeindruckt, was die Kranken alles gemacht haben und oft auch mit Stolz selbst präsentieren.

Ähnliches erfahre ich auch immer wieder bei Menschen mit Beeinträchtigungen, die wirklich schöne, brauchbare Dinge produzieren und in ihren Tätigkeiten viel Freude und Erfüllung finden.

Für uns geht die Welt in unserem Sterben unter

Niemand weiß, wann das sein wird. Das kann jeden Augenblick passieren. Aber normalerweise denken wir nur selten daran. Irgendwann, wenn wir alt sind, ja dann wird es halt kommen.

Ich kenne betagte Menschen, die sich dauernd einreden: „Ach, ich bin schon so alt, da lerne ich nichts Neues. Ich bin zu nichts mehr nütze. Wozu soll ich noch leben?" Sie legen – bildlich gesprochen – die Hände in den Schoß und resignieren.

Natürlich sehen viele im Alter nicht mehr so gut, das Gehör, die Kräfte lassen nach. Das Gehen wird mühsam. Dann dürfen wir auch müde sein und keine Lebensenergie mehr haben. Aber erstens kommt das Sterben meist doch nicht so schnell, wie viele denken, und zweitens möchten sie oft dann doch medizinische Hilfe, wenn sie z. B. eine Lungenentzündung haben. Auch da umgibt uns der Nebel der Ungewissheit.

Aber etwas können auch die Älteren tun: einfach da sein, zuhören, von früher erzählen, dankbar sein und nicht zuletzt auch beten oder ihre Beschwerden für einen lieben Menschen, für den Enkel, der eine Prüfung hat, „aufopfern".

Das heißt, sie ertragen jemandem zuliebe ihr Leid, ihre Schmerzen. Damit geben sie dem Unvermeidlichen einen neuen Sinn, sie verbinden ihren Zustand mit der Liebe. Das ist doch schon sehr viel.

Und Jüngere denken natürlich nicht an das Ende.

Carl Zuckmayer schrieb (dem Freund Kurt Hirschfeld) ein

Nachtgebet

Junge Leute werden manchmal wach
und wissen, dass sie sterben müssen.
Dann erschauern sie kurz,
und sehen verschiedene Bilder,
und denken: Jeder muss sterben, und
es ist ja noch Zeit.

Alte Leute werden manchmal wach
und wissen, dass sie sterben müssen.
Dann wird ihr Herz bang,
denn sie haben gelernt,

dass niemand weiß, wie Sterben ist,
dass keiner wiederkam, davon zu künden,
dass sie allein sind, wenn das Letzte kommt,
und wenn sie weise sind,
dann beten sie. Und schlummern weiter.

Gut, die Jungen haben sicher den Gedanken: Es dauert noch lange, bis es so weit ist. Aber oft schon habe ich erlebt, dass die Jugendlichen innerlich sehr angerührt, erschüttert sind, wenn ein Mitschüler, ein Freund stirbt oder tödlich verunfallt. Einige Zeit hält die Betroffenheit an, ist der Gedanke ans Sterben lebendig, aber dann werden sie wieder vom Strom jugendlicher Lebendigkeit mitgerissen. Das ist auch gut so. Ob sie in ihrem Tun und Verhalten durch die Begegnung mit dem Tod anders werden, wird sehr unterschiedlich sein.

Vielleicht setzen sie aber doch ihre „Apfelbäumchen" bewusster, auch wenn sie vielleicht die Früchte nicht selbst ernten können.

Das Tun hält Türen offen

Jegliches Tun ist Ausdruck einer Hoffnung. Wir probieren etwas aus, vielleicht geht es so (besser), vielleicht wird etwas daraus, vielleicht hat es einen Sinn? So ganz sicher ist das allerdings nicht, denken wir nur an verschiedene Therapien, die – so hofft man – bei einer Krebserkrankung doch positiv wirken. Man bekommt dann meistens dutzende gute Ratschläge, was bei anderen gut war. Da müssen wir selbst entscheiden, was wir tun, und – wer weiß – möglicherweise hilft doch irgendein Medikament, eine Maßnahme. Eine dazu passende Geschichte erzählt:

Vom Mut, eine Probe zu wagen

Ein König stellte für einen wichtigen Posten den Hofstaat auf die Probe. Kräftige und weise Männer umstanden ihn in großer Menge. „Ihr weisen Männer", sprach der König, „ich habe ein Problem, und ich möchte sehen, wer von euch in der Lage ist, dieses Problem zu lösen." Er führte die Anwesenden zu einem riesengroßen Türschloss, so groß, wie es keiner je gesehen hatte. Der König erklärte: „Hier seht ihr das größte und schwerste Schloss, das es in meinem Reich gibt. Wer von euch ist in der Lage, das Schloss zu öffnen?" Ein Teil der Höflinge schüttelte nur verneinend den Kopf. Einige, die zu den Weisen zählten, schauten sich das Schloss näher an, gaben aber zu, sie könnten es nicht schaffen. Als die Weisen dies gesagt hatten, war sich der Rest des Hofstaates einig, dieses Problem sei zu schwer, als dass sie es lösen könnten. Nur ein Wesir ging an das Schloss heran. Er untersuchte es mit Blicken und Fingern, versuchte, es auf die verschiedenste Weise zu bewegen, und zog schließlich mit einem Ruck daran. Und siehe, das Schloss öffnete sich. Das Schloss war nur angelehnt gewesen, nicht ganz zugeschnappt, und es bedurfte nichts weiter als des Mutes und der Bereitschaft, dies zu begreifen und beherzt zu handeln. Der König sprach: „Du wirst die Stelle am Hof erhalten, denn du verlässt dich nicht nur auf das, was du siehst oder was du hörst, sondern setzt deine eigenen Kräfte ein und wagst eine Probe. (Nossrat Peseschkian)

Manchmal gibt es in einer Familie, in der Berufswelt, in irgendeiner Gruppe ein großes Problem. Ob und wie es gelöst werden kann, ist oft nicht klar. Man kann sich Gedanken machen oder sich mit anderen besprechen, aber irgendwann muss man einen Versuch wagen, auch in Nebel hinein, dass es misslingen könnte.

weinen

Es kommt immer wieder vor, dass Leute bei einem Gespräch zu weinen beginnen, und dann entschuldigen sie sich gleich dafür, als ob das etwas Unpassendes sei. Natürlich sage ich gleich: „Das ist sogar gut, wenn Sie weinen können. Das nimmt ein bisschen Druck vom Herzen weg!" Die Bibel spricht von der „Gabe der Tränen". Sie sind also sogar ein Geschenk.

Eine Frau, die vor mehr als zwei Jahren durch einen tödlichen Unfall ihren Mann verloren hat, rief mich an und sagte: „Ich könnte den ganzen Tag nur weinen. Heute geht es mir gar nicht gut. Ich meinte, ich hätte etwas Boden unter den Füßen, dann zieht es mich wieder ganz in die Trauer hinab …"

Und eine Witwe, deren Mann ich beerdigt habe, erklärte. „Ich kann gar nichts dagegen tun, ich muss einfach immer wieder weinen!" Die rumänische Betreuerin meinte, sie solle auf Gott vertrauen und beten. „Das tue ich schon, aber die

Tränen rinnen einfach!“ Oft erklären Trauernde, dass sie gar nicht wussten, wie viel Tränen in ihnen sind.

Wir kennen das Wort: „Wovon das Herz voll ist, davon geht der Mund über.“ Man könnte auch sagen: „… davon gehen die Augen über!“ Das Weinen ist der „Kamin“ für die Seele.

Der Trost der Tränen

Wie oft sitzen Menschen mit „nebelverhangenen“, nassen Augen da, weil ihnen ein lieber Mensch fehlt oder auch, weil eine Beziehung in Brüche gegangen ist. Das tut einfach nur weh. Gleichzeitig belastet sie der Gedanke, wie es weitergehen soll. Sie sind voller Fragen und Ängste: Wie werde ich das alles schaffen? Wie löse ich die Probleme mit den Kindern? Wie wird es finanziell gehen? Und überhaupt, so verlassen und allein, ohne ihn, ohne sie? Und hundert andere trübe Gedanken kommen hoch. Die Zukunft ist von grauen Nebelschwaden verhüllt.

Schon vor bald dreitausend Jahren betete der Psalmist: *Schweig nicht zu meinen Tränen* (Ps 39,13); *meine Tränen sind mir Brot geworden bei Tag und bei Nacht* (Ps 42,4); *du hast sie gespeist mit Tränenbrot, sie [dein Volk] überreich getränkt mit Tränen* (Ps 80,6). Und im Hebräerbrief heißt es: *Er* [Jesus] *hat … mit lautem Schreien und unter Tränen Gebete und Bitten vor den gebracht, der ihn aus dem Tod retten konnte* (Hebr 5,7).

Im Weinen fließt der Schmerz aus uns heraus. Das ist gut so und erleichtert uns.

Manche Trauernde sind zuerst wie versteinert, erstarrt, da fließt kein Seelenschmerz aus ihnen heraus. Bis eines Tages der Damm bricht und sich im Weinen flutartig die Traurigkeit zu lösen beginnt.

Während der Krebserkrankung ihres Mannes schrieb Maria Stahl:

letzte
verbleibende zeit
nicht mehr in monden gemessen

nur stunden und tage
bleiben uns noch
und verzweifelte
umarmungen

wir sind unterwegs
die tränenkrüge zu füllen

Die Zusagen Gottes

In der Geheimen Offenbarung wird uns eine wunderbare, tröstliche Botschaft verkündet: *Er* [Gott] *wird in ihrer Mitte wohnen und sie* [die Erlösten] *werden sein Volk sein; und er, Gott, wird bei ihnen sein. Er wird alle Tränen von ihren Augen abwischen: Der Tod wird nicht mehr sein, keine Trauer, keine Klage, keine Mühsal. Denn was früher war, ist vergangen.* (Offb 21,3–4)

Dieses Bild, dass Gott uns in den Arm nimmt, die Tränen von unseren Augen abtrocknet, so wie Eltern es manchmal bei den Kindern machen, soll unsere große Trostperspektive sein.

Einmal wird alles gut, werden wir Antwort bekommen auf alle ungelösten Fragen, werden wir alles verstehen.

Aber es gibt nicht nur die große Tröstung, wenn wir einmal sterben, sondern auch jetzt schon kann uns manches die Schwere der Trauer erleichtern, dringen da und dort Sonnenstrahlen durch die düsteren Nebel der Trauer.

Ein fünfzehnjähriges Mädchen, dessen Mutter an Krebs erkrankt war und sich dann kurz vor ihrem Sterben im Krankenhaus aus dem Fenster gestürzt hat, schrieb zum Jahrestag an ihre Mutter einen Brief, den sie auch mir schenkte:

Ein Jahr ist es her. Ich kann es immer noch nicht glauben. Doch langsam lerne ich, es zu verstehen, warum du gehen musstest. Doch der Schmerz ist nach wie vor groß, und die Sehnsucht nach deiner Wärme und Liebe bleibt. In diesem Jahr habe ich gelernt, was es heißt, den wichtigsten Menschen im Leben zu verlieren. Was es heißt, Trauer, Angst und Schmerz zu fühlen.

Ich habe aber auch gelernt, viele Dinge anders zu sehen, mein Leben anders zu leben und die Liebe zu dir anders zu fühlen. Ich habe gelernt, den Himmel als etwas Besonderes zu sehen, zu erkennen, dass er deine Heimat ist.

Ich weiß, dass du immer bei uns sein wirst. Nur auf eine andere Art. Ich bin überzeugt, dass du mich immer beschützen wirst, denn du bist mein Engel!

Hat Gott dieses Mädchen nicht schon jetzt in den Arm genommen und es in seinem Weinen getröstet?

In den Nebel hinein

sterben

Ein Gedicht von Michael Franck (1609–1667), das vielfach vertont worden ist, lautet:

Ach wie flüchtig, ach wie nichtig
ist der Menschen Leben.
Wie ein Nebel bald entstehet
und auch wieder bald vergehet,
so ist unser Leben, sehet!

Ach wie nichtig, ach wie flüchtig
sind der Menschen Tage!
Wie ein Strom beginnt zu rinnen
und mit Laufen nicht hält innen,
so fährt unsre Zeit von hinnen.
…

Eines ist „todsicher“, nämlich, dass wir alle einmal sterben.

Diesen Gedanken blenden wir gerne aus, solange wir noch jung, fit und dynamisch sind.

Manchmal werden wir daran erinnert, wenn sich z. B. in unserem Umfeld ein Todesfall ereignet. Aber bald gehen wir wieder zur Tagesordnung über. Wir meinen, das hat noch Zeit, sich mit diesem Thema zu beschäftigen. Wenn ich älter bin, kann ich ja an die Patientenverfügung und Vorsorgevollmacht denken und ans Testament, aber das ist jetzt momentan weit, weit weg.

Wir haben bei der Hospizarbeit einen Leitsatz. „Endlich leben". Wird das „Endlich" betont, dann heißt das, dass unser Leben immer begrenzt und einmal zu Ende ist. Je mehr uns das bewusst ist, umso mehr können wir endlich „leben", bewusst, dankbar, aufmerksam.

Immer wenn ich von einem Krankenbesuch, von einer Sterbebegleitung nach Hause gehe, bin ich etwas verändert. Es wird mir bewusst, dass alles nicht selbstverständlich ist. Dass ich noch relativ gesund bin, denken und arbeiten, wandern, ins Konzert gehen kann und vieles mehr, das ist ein ganz großes Geschenk. Auch bei mir wird dann der Satz von Heinrich Pera wieder lebendig:

„Nicht dem Leben mehr Stunden, sondern den Stunden mehr Leben geben!" Man könnte auch sagen: Nicht dem Leben mehr Tage, sondern den Tagen mehr Leben geben.

Es ist nicht dasselbe

In vielen Büchern berichten Menschen über sogenannte Nahtod-Erlebnisse. Sie waren klinisch tot und machten dann ganz interessante Erfahrungen: Sie bewegten sich wie durch einen Kanal, sie sahen ein wunderbares Licht, hörten unbeschreibliche Musik, sie schwebten über der Unfallstelle oder dem Krankbett, wussten dann Details, die sie physisch gar nicht hätten wahrnehmen können, und – ganz interessant – alle erzählten, dass sie unglücklich waren, als man sie wieder zurückholte in dieses Leben. Übereinstimmend erklären sie auch, dass sie jetzt keine Angst mehr vor dem Sterben haben.

Allerdings waren sie ja noch nicht gestorben, sondern sie befanden sich sozusagen an der Schwelle zum Tod oder hatten schon einen Fuß darüber gesetzt, aber was dann im endgültigen Sterben wirklich geschieht, kann kein Mensch sagen. Wir reden zwar viel über diesen Vorgang und das Danach, aber es gilt: *Kein Auge hat es gesehen, kein Ohr es gehört, keinem Menschen ist es in den Sinn gekommen, was Gott Großes denen bereitet hat, die ihn lieben!* (vgl. 1 Kor 2,9)

Der Weg des Sterbens

Die Sterbeforscherin Kübler-Ross hatte den Vorgang des Sterbens in fünf Phasen gegliedert:

Nicht-wahrhaben-Wollen, Zorn und Auflehnung, Feilschen mit Gott oder dem Schicksal, Depression, Zustimmung, wobei sich diese Zustände nicht immer in dieser Reihenfolge abspielen. Dr. Monika Renz aus St. Gallen, die viele Sterbende begleitet hat, fasst ihre Erfahrungen in drei Stufen zusammen. Es gibt bei Sterbenden ein Davor, ein Hindurch und ein Danach. Wenn es Patientinnen und Patienten gelingt, durch alles mühsame und oft verzweifelte Kämpfen und Ringen hindurch sich einem „Größeren" zu öffnen und zu überlassen, dann fließt alle Angst ab, gelangen sie in einen Zustand der Ruhe, der Gelassenheit, des inneren Friedens. Dieses „Größere" kann Gott sein, oder das Schicksal, der Lebenssinn, eine höhere Fügung.

Ein berührendes Gedicht von Hilde Domin lautet:

Die schwersten Wege

Die schwersten Wege werden allein gegangen.
Die Enttäuschung, der Verlust,
das Opfer sind einsam.
[...]

Stehenbleiben und sich Umdrehn
hilft nicht. Es muss
gegangen sein.
[...]
Nimm eine Kerze in die Hand
wie in den Katakomben,
das kleine Licht atmet kaum.
Und doch, wenn du lange gegangen bist,
bleibt das Wunder nicht aus,
weil das Wunder immer geschieht,
und wir ohne die Gnade nicht leben können
[...]

Allein gehen müssen

Bei aller liebevollen Begleitung kommt der Punkt, an dem wir die Hände – auch die der Toten – loslassen müssen und wir unsere Verstorbenen nur Gott ans Herz legen können in dem großen Vertrauen, dass er uns im Sterben entgegenkommt und uns zu sich aufnimmt. In diesem „Nebel" des endgültigen Abschieds leuchtet uns das Gesicht eines erbarmenden Gottes auf.

Aber das letzte Wegstück muss jede, jeder von uns allein gehen und ist dabei doch nicht allein, weil die Liebe anderer, ihre guten Gedanken und Gebete uns umfangen, halten, tragen.

Im Heute leben

Gerade weil wir als Lebende auf den Tod zugehen, besser: immer nach Hause gehen und wir nie wissen, wie lange der Weg noch dauert, ist es gut, bewusst und dankbar jeden Tag zu leben.

Wir tun oft so, als ob unsere Tage unerschöpflich wären und wir die Welt besäßen.

Letztlich gehört uns nichts, kein Ding und kein Mensch, weder der kommende Tag noch das eigene Leben.

Was wir haben und besitzen, ist uns geschenkt und geliehen.

Deshalb sollten wir den Wert der Dinge und vor allem der Menschen in unseren Herzen schätzen, die Tage achtsam füllen mit kostbaren Momenten, lieben Menschen, bereichernden Begegnungen, schönen Sachen. Und heute zu leben, nicht gestern und nicht morgen, ist wie ein Sturmlicht in nebligen Tagen.

In den Nebel hinein

schlafen

Wir kennen den normalen, gesunden Schlaf, auch den unruhigen Schlaf, wenn uns Sorgen sehr beschäftigen, Angst uns erfüllt und wir uns unruhig im Bett hin- und herwälzen. Es gibt den bleiernen Schlaf der Erschöpfung, wenn wir physisch und psychisch am Ende unserer Kräfte sind (war das bei Jesus der Fall, als er trotz Sturm im unruhigen Boote schlief?), und den Schlaf der Verdrängung. So erkläre ich mir das Schlafen der Jünger im Ölgarten. Ein anderes Beispiel dafür finden wir in der Geschichte vom Propheten Jona, der seinem Auftrag, nach Ninive zu gehen und dort zu predigen, davonläuft. Er flieht eigentlich vor Gott. Deshalb besteigt er ein Schiff, das genau in die andere Richtung fährt als der Weg nach Ninive. Er geht unter Deck und schläft dort. Er will nichts mehr sehen und hören, er verdrängt seine innere Stimme, er flüchtet in den Schlaf. Dichter Nebel der Unzufriedenheit und des Nicht-einverstanden-Seins umhüllt ihn, erfüllt sein Herz.

Aber das ist keine Lösung. Sturm kommt auf, er weiß sich schuldig, die Schiffsbesatzung wirft ihn über Bord, ein großer Fisch verschlingt ihn. Dort wird er ganz klein. Er fängt an zu beten, und damit beginnt die Wende in der Geschichte. Der Fisch spuckt ihn an Land … (vgl. Jona 1 und 2)

Die positive Möglichkeit

Natürlich verfolgen uns manche ungute Dinge bis ins Bett, in den Schlaf.

Oft rate ich Menschen, die große Sorgen haben, dass sie den Rucksack ihrer Probleme nicht mit ins Bett nehmen, sondern vor der Schlafzimmertüre stehen lassen sollen. Niemand stiehlt ihn in der Nacht. Der steht am Morgen noch dort, und es reicht, wenn wir ihn dann wieder auf unsere Schultern nehmen.

Ich persönlich habe zwei Methoden, um trotz der Tagesbelastungen bald einschlafen zu können. Die erste: Ich spreche das Jesusgebet, das ursprünglich von den orthodoxen Mönchen gepflegt wurde: Beim Einatmen kann man denken und beten: Herr Jesus (Christus), und beim Ausatmen: Erbarme dich meiner (oder einfach: Erbarme dich). Noch kürzer nur die beiden Silben: Je – sus. Das ruhige Gebet lässt auch den Atem ruhig werden. Wir nehmen damit Jesus in uns auf und lassen uns auf ihn hin los.

Die zweite Möglichkeit: Ich denke an die große Hand Gottes, lege mich da hinein und sage mir: Bei dir bin ich aufgehoben. Jetzt kann mich die ganze Welt ‚gern haben', im doppelten Sinn des Wortes. Alles andere ist jetzt unwichtig, das überlasse ich Gott wie mich selbst auch. Ich bin in IHM geborgen.

Trotz allem Ungelösten in meinem Leben kann ich dann meistens sorglos schlafen.

Gelassenheit üben

Im Psalm 4,9 heißt es: *In Frieden leg ich mich nieder und schlafe; denn du allein, HERR, lässt mich sorglos ruhen.* Wunderbar, wenn man das denken und glauben kann!

Beim Schlafen hört das Machen auf. Wir über-lassen uns dem Schlaf, dem kleinen Bruder des Todes, in dem wir alle einmal endgültig unser Leben loslassen müssen. Deshalb ist es gut, die Haltung der Gelassenheit einzuüben.

Es gibt Tage, an denen ich schon am Morgen das Gefühl habe, überfordert zu sein, und die Termine, Verpflichtungen und Dinge, die zu tun sind, machen mir das Herz schwer. Dann denke ich, und das hilft mir, an das Bibelwort im Schöpfungsbericht: *Es wurde Abend und es wurde Morgen: erster Tag* (Gen 1,5) und so fort alle Tage … Irgendwie wird es immer Abend, ob ich mich verrückt machen lasse oder nicht. Am besten, ich tue eines nach dem andern. Und am Abend: Jetzt gehe ich schlafen. Morgen kommt wieder ein Tag, und dann sehe ich weiter. Allein schon dieser Gedanke verscheucht so manchen Nebel im Herzen.

Worte, aus der Hl. Schrift, die wir uns zu Herzen nehmen sollten: *Es ist umsonst, dass ihr früh aufsteht und euch spät erst niedersetzt, um das Brot der Mühsal zu essen; was recht ist, gibt der Herr denen, die er liebt, im Schlaf* (Ps 127,2). Also während wir nichts tun und Kräfte sammeln, schenkt uns Gott das, was wir brauchen.

Gebet

Guter Gott, dankbar gebe ich den Tag zurück in deine Hände.
Er kam von dir, und die Schale des Tages hat sich mit vielem gefüllt,
mit Gutem und Belastendem.
Fülle du mit deinem Erbarmen auf,
was mangelhaft war.
Ich lege dir auch ans Herz alle Menschen, die mir lieb und wichtig,

und auch mich selbst.
Lass mich jetzt in Ruhe schlafen,
und wecke mich morgen zu einem neuen,
lichterfüllten Tag.

In den Nebel hinein

sich entängstigen

Vor Jahren durfte ich bei einem Kongress für „Frauenselbsthilfe-Gruppen nach Krebs“ einen Gottesdienst leiten. Hunderte Frauen aus ganz Österreich waren gekommen. Obwohl die meisten von ihnen erkrankt waren, erlebten wir eine fröhliche Feier. Die Teilnehmerinnen hatten selbst die Gestaltung übernommen und einen Text mitgebracht, der Nelson Mandela (oder Marianne Williamson) zugeschrieben wird:

Unsere tiefgreifendste Angst ist nicht, dass wir ungenügend sind,
sondern über das Messbare hinaus kraftvoll zu sein.
Es ist unser Licht, nicht unsere Dunkelheit,
die uns am meisten Angst macht.
Wir fragen uns, wer bin ich,
mich brillant, großartig, talentiert, phantastisch zu nennen?
Dich selbst klein zu halten, dient nicht der Welt.

Es ist nichts Erleuchtetes daran, sich so klein zu machen,
dass andere um dich herum sich unsicher fühlen.
Wir alle sind bestimmt, zu leuchten, wie es die Kinder tun.
Wir sind geboren worden, um den Glanz Gottes, der in uns ist, zu manifestieren.
Er ist nicht nur in einigen von uns, er ist in jedem Einzelnen.
Und wenn wir unser Licht erscheinen lassen, geben wir unbewusst anderen die Erlaubnis, dasselbe zu tun.
Wenn wir von unserer eigenen Angst befreit sind, befreit unsere Gegenwart automatisch andere.

Sicher kannten alle diese Frauen die Angst, die ihre Erkrankung ausgelöst hatte. Aber sie glaubten auch an ihre innere Kraft, an das Licht in ihnen, das letztlich stärker war als alle Angst. Ich war sehr beeindruckt von der inneren Stärke dieser Frauen.

Die Ambivalenz der Angst

Einerseits warnt sie uns, hilft sie uns, aufmerksam zu sein und uns nicht blindlings in gefährliche Situationen zu begeben. Ohne Angst würden noch viel mehr Unglücksfälle passieren. Aber andererseits hindert sie uns, ein vernünftiges Wagnis einzugehen.

Ich bin überzeugt, dass viele sich von ängstlichen Gedanken lähmen lassen. „Soll ich meine Meinung sagen? Ach wer weiß, wie es ankommt, was die anderen von mir denken. Ich bleibe lieber still!"

Als Studenten wollten wir im Sommer mit Motorrädern nach Israel fahren.

Die Angst meiner Eltern war jedoch so groß, dass ich ihnen zuliebe nicht mitfuhr. Heute denke ich: „Schade. Das wäre doch eine wertvolle Erfahrung, ein schönes Erlebnis für mich gewesen." Sicher können wir alle Beispiele aufzählen, wie die Angst uns gehindert hat, eine Entscheidung zu treffen, etwas zu riskieren.

Vier Kardinäle und viele Bischöfe haben sich öffentlich gegen Papst Franziskus gestellt, weil sie meinen, dass er Irrlehren verbreite. In einer seiner Predigten sagte er über diese Personen: *Die Starrköpfe verstehen die Barmherzigkeit Gottes nicht … Die Strengen sind dazu nicht in der Lage, ihr Herz zu weiten wie der Herr, sie sind Angsthasen mit einem kleinen verschlossenen Herzen, die am bloßen Rechtssprechen hängen* (zit. in „Kirche In"). Klare Worte!

Im Gleichnis von den Talenten (Mt 25,14–30) tadelt der Herr den einen Knecht, der sein Talent aus Angst vergraben hat. Damit fragt er uns alle, ob wir das „Talent" unseres Lebens und der Liebe vermehren oder eingraben.

Was hilft gegen die Ängstlichkeit?

Der „Nebel", der Angst macht, ist die Unsicherheit, wie etwas ausgeht. Das wissen wir nie im Vorhinein. Ein Restrisiko bleibt. Das gilt schon für jeden Gesprächsversuch, den wir unternehmen. Wer weiß, wie es verlaufen wird?

Oder ein anderes Beispiel: Ich habe sehr viele kirchliche Trauungen. Das ist jedes Mal wie ein Fallschirmsprung. Die jungen Paare hoffen, dass ihnen gelingt, was sie sich versprechen. Sie bitten auch um Gottes Beistand. Aber es gibt keine Garantien, dass die Ehe glückt. Dennoch macht es Sinn, den Schritt in die Ehe zu wagen.

Bei jeder Entscheidung müssen wir das Pro und Kontra abwägen, vielleicht auch mit jemandem besprechen. Aber erst nach der Entscheidung, meist nach einiger Zeit, wird klar, ob sie gut war oder nicht.

Es gibt viele praktische Tipps, was wir tun sollen, um die Ängste zu überwinden:

Jemanden oder einige um Rat fragen, sich Zeit lassen und eine Nacht (oder mehrere) darüber schlafen, zum Hl. Geist beten, sich ein Zeitlimit zu setzen …, aber dann sollten wir es einfach wagen, auch mit dem inneren Trost: Wenn es nicht klappt, geht die Welt nicht unter. Man kann Probleme auch relativieren und sich denken: „Es gibt noch Schlimmeres!" Und nicht zuletzt können wir sagen: „Lieber Gott, ich tue jetzt einfach, was ich kann. Für das andere bist du zuständig!"

Einmal predigte ich zum Bibelwort: *Werft alle eure Sorge auf ihn* [den Herrn], *denn er kümmert sich um euch!* (1 Petr 5,7). Als Anschauungsmittel hatte ich in einem Rucksack mehrere große Steine mitgebracht, zeigte diese den Leuten und fragte: „Was sind eure ‚Brocken', die euch belasten, eure Sorgen und Schwierigkeiten? Und wie können wir die loswerden?" Zum Schluss legte ich die Steine, die auch unsere Ängste symbolisieren, auf den Altar mit dem Hinweis: „Wir könnten doch Gott beim Wort nehmen, der uns einlädt, unsere Probleme bei ihm zu ent-sorgen."

Und wenn wir an die Wandlung von Brot und Wein glauben, dann dürften wir Gott auch zutrauen, dass er unsere Ängste und alle Belastungen wandelt, uns also ent-lastet.

Gut und recht, aber nach der Messfeier packen doch viele ihre „Steine“ wieder ein und nehmen sie mit nach Hause, anstatt sie auf dem Altar liegen zu lassen. Vielleicht müssen wir es lange üben, Gott wirklich beim Wort zu nehmen, der seine Zusage gibt: „Ich bin da, auch in allem, was dich bedrückt, was für dich eine schwere Last ist. Ich bin da in deinen ungelösten Fragen und Problemen!“ Jesus würde wohl auch uns manchmal vorhalten wie dem Petrus, der im Wasser versank: *Du Kleingläubiger, warum hast du gezweifelt?* (Mt 14,31)

Nebel-Gebet

Du treuer Gott,
birg mich im Mantel deiner Liebe,
wenn mir kalt wird von innen her,
wenn die Angst mich packt
und trübe Gedanken mich verfolgen.
Gib mir einen Unterschlupf bei dir.
Halte mich, wenn der Boden unter mir schwankt,
wenn verworrene Gedanken mich quälen,
die Hoffnung und die Sorgen in mir miteinander ringen.
Dann lass mich spüren, dass du da bist.
Und stärke mein Vertrauen auf dich.
Amen.

In den Nebel hinein

danken

Auch wenn so manche „Nebelsuppen" unsere Sicht trüben und unser Leben verlangsamen, wenn wir nicht weiter sehen als bis zum heutigen Abend, haben wir doch Grund, Gott für vieles zu danken.

Schauen wir nur zurück auf den heutigen Tag. Trotz allem, was nicht gut gegangen, was unbefriedigend oder ungelöst geblieben ist, gibt es doch so einiges, für das wir dankbar sein können. Viele Dinge, die nicht selbstverständlich sind, angefangen vom warmen Bett und Aufstehen-Können bis zu zahlreichen kleinen Freuden, Begegnungen, guten Worten. Und wenn dieses oder jenes nicht gut war, trösten sich manche mit dem Wort: „Es hätte noch schlechter sein oder ausgehen können."

Das Danken öffnet die Augen unseres Herzens für die Wohltaten und Segnungen unseres Lebens. Das Danken fördert die Verbindlichkeit, denn wenn wir danken, dürfen wir damit rechnen, dass andere uns auch weiterhin zugetan sind.

Die Unsicherheiten beim Danken

Aber oft wissen wir nicht, wem wir danken sollen, und wie – und überhaupt, wie kommt unser Dank an?

Gelegentlich steht etwas Gutes vor meiner Haustüre, und ich frage mich, von wem das wohl sein könnte. Manchmal meldet sich irgendwann die Spenderin, der Spender. Wenn nicht, dann nehme ich dankend an, was mir jemand wohlwollend zugedacht hat, und freue mich darüber.

Das „Wie" ist unkompliziert. Allein schon, dass ich jemandem Danke sage, ist genug. Es sollte allerdings nicht nur ein aus Höflichkeit gesprochener Dank sein. Besser und persönlicher ist es, wenn wir auch ausdrücklich sagen: „Ich danke *dir*, Ursula, Peter …". Besondere Dank-karten oder -briefe bewahre ich sogar auf, weil sie mich wirklich sehr gefreut haben. Das Schreiben von einigen lieben Worten schafft immer einen herzlichen Bezug zur Spenderin, zum Spender.

Die umgekehrte Frage, wie etwas bei den andern wohl ankommt, bleibt unbeantwortet. Aber was aus Liebe, nicht nur aus Pflicht, getan wird, ist immer wertvoll.

Geben wir's zu: Wir alle sind schon enttäuscht gewesen, weil man uns nicht gedankt hat für das, was wir jemandem zuliebe, oft mit viel Mühe, getan haben: für die Zeit, den Aufwand, die Aufmerksamkeit, die wir investiert haben. Dann überlegen wir, ob wir für diese Person nochmals etwas machen sollen.

Danken im Blick auf Gott

Oft erlebe ich, dass Menschen vom „Schicksal" hart geprüft werden, dass sich bei ihnen die Probleme, Sorgen, Krankheiten, Todesfälle besonders häufen. In ihrem Leben kommt es wirklich „dick" daher. Kein Wunder, dass sie dann auch Mühe haben, noch an einen erbarmenden Gott glauben zu können.

Die Lebenslast und die Verluste lassen uns eher an Gott zweifeln oder mit ihm hadern. Aber vielleicht heben sich mit der Zeit doch die Wolkenhaufen dunkler Gedanken und es gelingt uns, auch das zu sehen, wofür wir dankbar sein können.

Aber lassen wir uns Zeit damit. Zuerst einmal müssen die Zweifel, Fragen, Anklagen Platz haben.

In der Kapelle beim Schwarzsee in Zermatt findet sich ein wunderschönes Gebet, das einige Antworten gibt, wofür wir danken sollen.

Danken will ich dir, Herr,
für deine Nähe.
Sie erlaubt mir, zu dir zu sprechen,
dir zu begegnen, dich zu spüren.

Danken will ich dir, Herr,
für deine Worte,
die mich aufbauen, die mich stützen,
dir mir Mut machen, die mir Richtung geben.

Danken will ich dir, Herr,
für dein Verstehen.
Du lehrst mich Worte des Gebetes,
aber du verstehst mich auch, wenn mir die
richtigen Worte fehlen.

Danken will ich dir, Herr,
für deine Güte und dein Erbarmen.
Du stehst zu mir, wenn ich einen Fehler mache
oder einmal einen falschen Weg einschlage.

Danken will ich dir, Herr,
für deine Treue.
Du hörst mir weiter zu,
auch wenn ich den Kontakt zu dir abreißen lasse.

Danken will ich dir, Herr,
für deine Liebe,
die mich betrifft, die mich annimmt,
die mir hilft, die mich nie alleine lässt.

Danken will ich dir, Herr,
und dich loben.
Amen.

In den Nebel hinein

Grenzen setzen

Es gibt zwei Pole, an denen wir Menschen wachsen, sowohl die Kinder als auch wir Erwachsene. Der eine ist die Erfahrung von Geborgenheit, Liebe, Zuwendung, Akzeptanz.

Diese Nestwärme brauchen wir, um uns entfalten zu können. Deshalb sind die stabilen Eltern-Kind-Beziehungen gerade in den ersten Lebensjahren für jeden Menschen sehr prägend. Wie viele leiden das ganze Leben darunter, oft bis zu Suizidphantasien, dass sie daheim in der Kindheit viel zu wenig Liebe erfahren haben.

Der andere Pol ist aber genauso wichtig. Wir müssen lernen, mit Grenzen zu leben, weil unser endliches Leben und das Zusammensein mit anderen nur gelingt, wenn jede, jeder weiß, wo ihr bzw. sein Platz ist und wo der der anderen Menschen ist. Die Balance zwischen Ich und Du fordert die Respektierung der Wünsche beider Teile. Kinder müssen auch lernen, dass es das Nein gibt, obwohl sie es nicht immer verstehen. Das Über-

Ich der Eltern und anderer Autoritäten zeigt ihnen auf, was richtig oder falsch, gut oder schlecht ist.

Die Grenzen im Zusammenleben nützen jedoch nur, wenn sie auch konsequent eingehalten oder eingefordert werden.

Für mich ein prägendes Erlebnis: Ein Mittelschulprofessor, den ich persönlich kenne, lebt mit seiner Familie im ersten Stock eines Wohnhauses. An einem Nachmittag entdeckte er, dass die Kinder unerlaubterweise ferngesehen hatten. In seinem Ärger sagte er: „Wenn ihr nochmals trotz des Verbotes den Fernseher einschaltet, werfe ich ihn zum Fenster hinaus!“

Einige Zeit später kam er wieder in die Stube, und was sah er, der Fernseher lief wieder!

Da öffnete er tatsächlich das Fenster und warf den Apparat hinaus in den Garten.

Da war nun endgültig Ruhe, und die Kinder wussten, dass die Drohung des Vaters ernst gemeint war.

Allerdings ist das im Leben nicht so einfach. Wir tun uns oft schwer, den Ausgleich beider Pole zu finden und entsprechend zu handeln. Der Nebel der Unsicherheit bleibt immer, denn wir Menschen sind ja keine Apparate, die gesetzmäßig agieren oder reagieren. Erst im Nachhinein wird oft klar, ob die Grenzen richtig gesetzt wurden.

Bin ich zu gut oder zu streng?

Das fragen sich Eltern, oder auch Lehrer, Chefs, Vorgesetzte und genauso auch jede und jeder von uns. Soll ich einer Bettlerin, einem Bettler etwas geben oder nicht? Je nach Umständen lassen wir uns doch erweichen, der/dem anderen die Bitten zu erfüllen, ein anderes Mal sagen wir klar ein Nein. Im Letzten wissen wir nie genau, ob es richtig war oder ob wir nur ausgenützt wurden. Das bleibt nebulos. Ähnlich überlegen Eltern, ob die Tochter oder der Sohn um 24 Uhr daheim sein muss. Da gibt es endlose Diskussionen, bei denen die Kinder meistens gewinnen. Sonst müssen die Eltern es aushalten, dass die Kinder total „sauer" sind und ihnen später noch Vorwürfe machen. Generell habe ich schon den Eindruck, dass sich viele Erziehungsberechtigte schwertun, klare Grenzen zu setzen, sie zu begründen und dann auch die Konsequenzen durchzuhalten.

Auch in der Berufs- und Geschäftswelt gibt es dieses Problem. Von der Politik ganz zu schweigen, weil die populistischen Tendenzen sichtbar werden, dort, wo es einem passt, im eigenen Interesse vernünftige Grenzen aufzulösen. Bestes Beispiel dafür ist die jüngste Entscheidung unserer Regierung, das allgemeine Rauchverbot wieder zu kippen.

Uns zuliebe

Anderen (oder auch sich selbst) Grenzen zu setzen, ist ja nicht immer einfach und lustig.

Dennoch ist es gut und notwendig, dass wir uns schützen, wenn uns etwas zu viel wird oder uns nicht passt, bei aller Toleranz, die auch gefordert ist. Die Selbst- und Nächstenliebe müssen in Balance sein. Früher wurden wir sehr stark dazu erzogen, Gott zuliebe irgendwelche Opfer zu bringen. Er braucht das nicht und hat auch nichts davon, wenn wir auf etwas Gutes verzichten. Ich denke, dass er das auch gar nicht will. Der einzige Sinn von diesen religiösen Grenzen liegt nur darin, dass dadurch die Liebe wächst, die zu Gott, zu anderen und auch zu sich selbst. Wenn jemand weniger isst, um abzunehmen oder den Körper zu entschlacken, dann macht man es ja auch sich zuliebe. Oder die „Aktion trocken", bei der man in der Fastenzeit keinen Alkohol trinkt, tut der eigenen Leber und dem Gesamtbefinden wohl.

Morgengebet

Lieber Gott,
bis jetzt geht's mir heute gut.
Ich habe noch nicht getratscht und auch noch nicht meine Beherrschung verloren.
Ich war noch nicht gehässig, fies, egoistisch oder zügellos.
Ich habe noch nicht gejammert, geklagt, geflucht oder
Schokolade gegessen.
Geld habe ich auch noch nicht sinnlos ausgegeben.
Aber in ungefähr einer Minute werde ich aus dem Bett aufstehen,
und dann brauche ich wirklich deine Hilfe!
(Quelle unbekannt)

Auf das Wie kommt es an

Das gilt schon für jedes Gespräch, weil die Art und Weise, wie wir etwas kommunizieren, wichtiger ist als der Inhalt und entscheidet, ob eine Botschaft gehört und angenommen wird.

Das gilt erst recht, wenn wir eine Grenze setzen (müssen) und sagen: „So oder so nicht. Bis hierher und nicht weiter", oder: „Nein, stopp!"

Ich stelle mir vor, dass Jesus die Ehebrecherin,

die die Pharisäer zu ihm geschleppt hatten, sehr liebevoll und mit ehrlicher Zuwendung angeschaut hat. Die Frau spürte, dass sie vor ihm keine Angst haben muss. Und deshalb konnte sie wohl auch seine Grenzziehung annehmen: *Geh hin und sündige nicht mehr*. Wörtlich: *Du wirst nicht mehr sündigen* (Joh 8,11). In diesem „Raum“ echter Liebe konnte sie annehmen, dass sie ein neues Leben beginnen soll.

Jedes Setzen einer Grenze im zwischenmenschlichen Bereich hat nur Erfolg und kann von anderen akzeptiert werden, wenn ein grundsätzliches Wohlwollen und Respektieren den Hintergrund bildet. Und es sollte klar zum Ausdruck kommen, was ich (nicht) möchte und warum. Es hilft sehr, eine Grenze anzunehmen, wenn sie begründet ist, auch wenn wir sie von uns aus nicht immer verstehen.

Man kann auch die Meinung ändern

Schon oft habe ich im Nachhinein gedacht, dass meine Entscheidung bezüglich einer Grenze nicht gut war. Entweder hat es mich gereut, dass ich so schnell oder so forsch etwas abgelehnt gesagt habe, oder ich habe mir gedacht: „Da hätte ich doch besser etwas zusagen können.“ Es gibt ja das Wort: „Sage nicht ja, wenn du nein sagen möchtest!“ Wir alle kennen diese Situation. Daraus können wir nur lernen. Ich selbst verschaffe mir oft eine kleine Nachdenkpause, bevor ich den „Grenzbalken“ hebe oder senke. „Ich muss mir das zuerst noch überlegen. Ich muss erst in meinem Kalender nachschauen …!“ Aber selbst dann weiß ich nicht immer, was das Bessere ist. Der Nebel einer gewissen Unsicherheit bleibt. Man wird zwar durch Erfahrung klug, aber auch nicht immer, weil wir aufgrund unserer persönlichen Struktur unterschiedlich lernfähig sind.

Bekannt ist ja das Gleichnis Jesu von den zwei ungleichen Söhnen, zu denen der Vater sagt, sie sollten ihm im Weinberg helfen (vgl. Mt 21,28–32): *Der erste antwortete: Ja, Herr, aber er ging nicht hin. Da wandte er sich an den zweiten Sohn und sprach ebenso. Dieser antwortete: Ich will nicht. Später tat es ihm leid, und er ging doch. Wer von den beiden hat den Willen seines Vaters erfüllt?*

Letztlich kommt es aufs Tun drauf an, auch wenn wir erst durch einige Irrungen und Wirrungen hindurch dorthin gelangen.

Setzt auch Gott Grenzen?

Eine schwierige Frage. Ich glaube nicht, dass Gott uns prüft, damit sichtbar wird, wie gehorsam, wie stark, wie treu wir sind. Die Ijob-Geschichte erzählt, dass Gott dem Satan die Erlaubnis gibt zu testen, wie groß der Glaube, das Gottvertrauen dieses Mannes ist. Aber die Erzählung ist erfunden, ein Lehrbeispiel, um letztlich zu erklären, woher das Leid kommt.

Es gibt viele Bibelstellen, die davon sprechen, dass Gott uns durch Schicksalsschläge auf die Probe stellt und uns deshalb in Grenzsituationen geraten lässt. Das hat er nicht nötig und widerspricht seiner Barmherzigkeit und Güte. Diese Deutungsversuche weist schon Jesus zurück, als die Jünger fragten, wer denn am Tode von achtzehn Menschen, die beim Einsturz eines Turmes bei der Mauer vom Schiloach-Teich ums Leben gekommen waren, schuld sei (Lk 13,5). Dennoch müssen wir uns immer vor dem Geheimnis Gottes respektvoll verneigen und verstummen, weil wir ihn nie ganz be-greifen werden.

Alle Erklärungen zerrinnen im Nebel der Unbegreiflichkeit Gottes.

Für mich bringt das Etty Hillesum in ihrem Tagebuch „Das denkende Herz“ zum Ausdruck. Sie ist sich dessen bewusst, dass sie als Jüdin ins KZ kommt. Sie wurde dann auch 1943 in Auschwitz ermordet. Dennoch macht sie Gott keine Vorwürfe. Sie ist überzeugt, dass nicht Gott die Leiden schickt und uns damit Grenzen setzt. Sie schreibt:

5. Februar. Es ist jetzt morgens halb acht. Ich habe mir die Zehennägel geschnitten und einen Becher echten Van Houten Kakao getrunken und ein Butterbrot mit Honig gegessen, das alles, wie man sagt, mit Hingabe. Ich habe die Bibel an einer beliebigen Stelle aufgeschlagen, aber sie gab mir an diesem Morgen keine Antwort. Eigentlich war das nicht so schlimm, denn es gab keine Fragen, nur ein großes Vertrauen und Dankbarkeit dafür, dass das Leben schön ist. Deshalb ist dies ein historischer Augenblick: Nicht weil ich jetzt gleich mit S. zur Gestapo muss, sondern weil ich trotz dieser Tatsache das Leben schön finde!

Für sie war es klar, dass nicht Gott sie auf diesen Weg schickt, der zum Tode führt, sondern all das, was Menschen einander antun, entspringt ihrer Bosheit.

Ein Grenz-Gebet

Ach, Gott,
das kann ich nicht so leicht beten wie der Psalmist:
„Mit Hilfe meines Gottes überspring ich Mauern." (Ps 18,30)
Die Barriere meiner Sorgen, meiner Angst, meiner Probleme ist zu hoch, um einfach darüber hinwegzukommen.
Vielleicht machst du mir eine „Räuberleiter",
damit ich es schaffe,
meine Grenzen zu überschreiten.
Und wenn es nicht geht,
bleibe ich vor der Mauer sitzen,
bis jemand kommt, der mir hilft,
oder ich suche einen Weg drum herum.
Irgendwie, irgendwann, mit deiner Hilfe,
kann ich damit leben,
du Grenzgänger-Gott!

loben

Es heißt, von einem ehrlichen Kompliment könne man einen Tag lang leben.

Sicher tut es einem wohl, wenn man gelobt wird. Eine positive Verstärkung motiviert, etwas weiter oder sogar besser zu machen. Es gibt drei Formen, wie man zu einem Lob kommt:

Erstens: Wir werden spontan von anderen gelobt. Immer eine erfreuliche Reaktion.

Zweitens, wenn das nicht der Fall ist: Wir holen uns das Lob, indem wir direkt fragen: „Wie war es? Habe ich es gut gemacht?“ Meistens sagen dann andere doch, was sie gut gefunden haben, was positiv war. Die Kritik wird aber höflich verschwiegen.

Und die dritte Form, wenn die beiden ersten Reaktionen ausfallen: Wir loben uns selbst, klopfen uns in Gedanken auf die Schulter und sagen uns: „Doch, das hast du gut gemacht! Das war in Ordnung, vielleicht sogar bestens.“

Denken wir nur an viele Mütter, Hausfrauen,

die stundenlang in der Küche gearbeitet, ein feines Essen gekocht haben. Und dann? Leider vergessen viele Angehörige, sich dafür zu bedanken.

Wenn wir selbst auf andere schauen, fällt es uns mitunter schwer, etwas Lobenswertes zu finden.

Wir sollen und dürfen dennoch kritisch sein

So gut es ist, das Positive bei anderen zu sehen und anzuerkennen, soll und muss man doch das Negative wahrnehmen und oft auch ansprechen. Ich war bei einem Gottesdienst für etwa vierhundert Mitarbeiter/innen einer kirchlichen Organisation dabei. Eigentlich ging ich etwas frustriert zur Kirchentüre hinaus. Die Kirche war extrem kalt, obwohl man etwas früher hätte heizen können. Ein Chor sang recht schön, aber es gab kein einziges Volkslied.

Vier Priester standen vorn, aber keiner schaute freundlich, fröhlich drein oder lächelte einmal. Zudem verstand man manches akustisch sehr schlecht. Gut, und das sollte eine Lob- und Dankesfeier sein? Es gibt vieles im kirchlichen oder öffentlichen Bereich, auch im privaten Umfeld, bei dem man Kritikpunkte anführen könnte.

Dennoch bleibt die Frage: Soll ich etwas sagen oder rückmelden? Wie kommt das an? Mache ich mich dabei (zu) wichtig? Vielleicht sehen das andere gar nicht so wie ich.

Man kann auch die Meinung ändern

Die Geschichte ist bekannt: Jesus geht über die Grenze in das Gebiet von Tyrus und Sidon. Da kommt eine kanaanäische Frau hinter ihm hergelaufen und schreit laut, er möge ihrer Tochter helfen. Die Jünger empören sich über ihre Aufdringlichkeit. Jesus verhält sich zuerst auch sehr abweisend mit dem Vergleich von den Hunden, die natürlich nicht das Brot der Kinder bekommen. Aber die Frau bleibt hartnäckig. „Auch die Hunde erhalten etwas von den Brotresten!“ Daraufhin lobt der Herr den starken Glauben der Frau. Nicht nur Jesus hat seine Haltung geändert, sondern auch die Jünger haben dabei viel über die Heilsabsichten Gottes gelernt (vgl. Mt 14,21–28).

Loben trotz „Nebelbeziehungen“

Wir alle kennen Leute, mit denen wir uns schwertun. Vielleicht haben wir mit ihnen eine ungute

Erfahrung gemacht, sind enttäuscht worden, stören uns ihr Verhalten oder bestimmte Eigenarten, kurzum: Sie haben eine andere „Blutgruppe" als wir. Wenn es irgendetwas von früher aufzuarbeiten gibt, sollten wir das vor allem im Gespräch zu klären versuchen.

Aber oft ist die trennende Barriere nebulos und doch spürbar da. Mir selbst ging es manchmal so, dass ich bestimmten Menschen aus dem Weg ging, den Kontakt mit ihnen vermied. Aber dann kam es irgendwann doch zu einer Begegnung, und ich musste, wenigstens aus Anstand, etwas mit ihnen reden. Ich suchte einen positiven Anhaltspunkt. Und das Wunder geschah: Ich fand sie gar nicht mehr so übel. Natürlich sagte ich nicht alles, was ich dachte oder fühlte, aber eine zumindest höfliche Brücke entstand, und das nächste Mal tat ich mir schon leichter, mit ihnen ins Gespräch zu kommen und einigermaßen normal mit ihnen umzugehen. Ich konnte das Negative einfach stehenlassen, aber das ehrliche Lob veränderte mich selbst.

Und Gott loben?

Viele Psalmen singen Loblieder auf Gott. Das Lob Gottes durchzieht die ganze Hl. Schrift.

Halleluja!
Lobt Gott in seinem Heiligtum,
lobt ihn in seiner mächtigen Feste!
Lobt ihn wegen seiner machtvollen Taten,
lobt ihn nach der Fülle seiner Größe.
Lobt ihn mit dem Schall des Widderhorns,
lobt ihn mit Harfe und Leier!
Lobt ihn mit Trommel und Reigentanz,
lobt ihn mit Saiten und Flöte!
Lobt ihn mit tönenden Zimbeln,
lobt ihn mit schallenden Zimbeln!
Alles was atmet, lobe den HERRN. Halleluja!
(Ps 150)

Und Jesus preist des Öfteren seinen Vatergott (Mt 11,25 u.a.)

„Wie kann man nach Auschwitz noch an Gott glauben?“, fragte schon der tschechische Philosoph Milan Machovec. Und ähnlich alle Menschen, die Bitteres und Schweres erfahren haben. Der Nebel der Finsternis lastet zu sehr auf vielen Herzen.

In freikirchlicher und charismatischer Spiritualität wird immer wieder betont, dass wir Gott für alles, was wir erleben, auch für das Schwere, danken und ihn loben sollen.

Ich tue mir da schwer, weil zuerst einmal das Klagen und Hadern Platz haben muss. Man darf auch mit Gott schimpfen und auf ihn zornig sein.

Im Gotteslob stehen viele Lieder, die einen Aufruf zum Loben beinhalten: *Lobt Gott, ihr Christen …, Großer Gott, wir loben dich …, Was Gott tut, das ist wohlgetan …, Wer nur den lieben Gott lässt walten …, Lobt froh den Herren …* und viele andere mehr.

Im Gegensatz dazu schreibt Thomas Rother:

Glotzt nicht beim Loben
immer nach oben.
Schaut mal zur Seite.
Dann seht ihr die Pleite.

Natürlich scheint es oft, dass der Traum Gottes von einem guten Leben für alle sehr oft danebengeht. Menschen verzweifeln, gehen elend zugrunde.

Die Antwort Gottes auf die Schreie und Fragen der Menschen hängt am Kreuz und wird am leeren Grab sichtbar. Vom Ende her gesehen, beziehungsweise von der „anderen“ Seite her betrachtet, werden wir die Spuren Gottes, sein gnadenhaftes Wirken erkennen. Dann werden wir ihn wirklich loben können. Davon bin ich überzeugt. Aber davor loben wir Gott sehr oft in den Nebel des Unerklärlichen und Unbegreifbaren hinein. Und es ist gut, wenn wir es mit einem großen Vertrauensvorschuss immer wieder tun, auch wenn wir nicht jedes Mal ganz dahinterstehen können.

Vielleicht können wir mit Andrea Schwarz beten:

Singt das Lied der Erlösung

Gott – du Melodie meines Lebens
du Klang und Musik – sanft und zart
kraftvoll und stark – geheimnisvoll
mich liebkosend
berührend umfassend
oft so fern – und dann wieder
in mir – Gott

Öffne meine Ohren – damit ich deinen
Klang höre
streichle meine Haut – damit ich deine
Berührung spüre
nimm mich in den Arm – damit mein Herz
Ruhe findet in dir
damit mein Körper Antwort ist
meine Lippen Worte formen
stammelnde Töne aus meiner Kehle kommen

geborgen in dir du mein Gott
kann ich zur Antwort werden

und zögernd erklingt mein Lied
in der Welt für dich
und die Menschen
du birgst mich Gott
und ich lasse mich bergen
ich höre und bin Antwort.
du spielst und ich bin Klang

und singe das Lied des Lebens

In den Nebel hinein

beginnen

Man kann vieles neu beginnen: einen Arbeitsplatz, ein Schuljahr, einen Kurs, einen Brief und vor allem: ein neues Jahr.

Und immer liegt der Nebel einer gewissen Unsicherheit über der Zukunft. Bei allem Planen und Vorausschauen gibt es fast nirgends eine hundertprozentige Sicherheit, dass alles so kommt, wie wir es gedacht, geplant, berechnet haben. Trotzdem macht es Sinn, ist es sogar notwendig, dass wir so vieles im Leben anfangen müssen oder einfach wollen.

Hermann Hesse schreibt in seinem berühmten Gedicht „Stufen" den oft zitierten Satz „Und jedem Anfang wohnt ein Zauber inne, der uns beschützt und der uns hilft, zu leben!"

Das stimmt, aber nur zum Teil. Natürlich hat es seinen Reiz, etwas Neues zu beginnen. Für die Kinder können es beim Schulanfang andere Lehrer und Lehrerinnen sein, auch die sauberen, leeren Hefte oder neuen Bücher, für die Erwachsenen ein Wohnungsumzug, ein Berufswechsel und vieles mehr.

Jeder Beginn einer Reise birgt auch spannende Erwartungen.

Aber gleichzeitig ist mit den meisten Veränderungen auch Arbeit verbunden.

Den Zauber des Anfangs spüre ich nicht, wenn ich daran denke, dass ich schon längst meinen Materialkeller und das Büro endlich einmal aufräumen sollte. Ich finde immer wieder Ausreden, um die Sache nicht anzupacken, obwohl ich weiß, dass mich das Ergebnis dann freuen würde. Und eine Predigtvorbereitung ist anfänglich auch nicht immer von Lustgefühlen begleitet.

Am Beispiel Neujahr

Am Jahreswechsel fassen wir viele gute Vorsätze, was wir jetzt anders machen werden. Wir nehmen uns vor, weniger zu essen und uns mehr zu bewegen, das Rauchen aufzugeben und die tägliche Fernsehzeit zu reduzieren, die sozialen Kontakte zu intensivieren, weniger Alkohol zu trinken, sich nicht mehr alles gefallen zu lassen. Erfahrungsgemäß hält die Motivation nur wenige Tage. Diverse Umfragen ergeben, dass ein Drittel der Vorsätze nur bis Dreikönig durchgezogen wird, ein weiteres Drittel bis Mariä Lichtmess und nahezu der ganze Rest bis zum Faschingsdienstag, ehe das Spiel am Aschermittwoch wieder beginnt. Auch die elektronischen Erinnerungen ändern da nicht viel. Trotz dieser mageren Bilanz wäre es schade, wenn wir das nur negativ beurteilten. Die nicht eingehaltenen Vorsätze von 95 Prozent sollen nicht die restlichen fünf Prozent verderben.

Unterschwellig wirkt dabei der Gedanke weiter: Wenn ich wirklich ernsthaft wollte, könnte ich mich doch ändern und etwas Neues beginnen.

Und gerade Neujahr ist von vielen, vielen guten Wünschen begleitet, denken Menschen über sich nach, beten sie um dieses und jenes und geben sie damit Gott Raum.

Die folgenden Neujahrsgedanken schenken manchen Trost:

Leben in Fülle

Ich bat den Tage schenkenden Gott:
Schreib mir ein Wort
ins leere Buch des neuen Jahres.
Sein Eintrag ermutigt:
Du bist geliebt,
Tochter und Sohn.
Ich habe an dir meine Freude

ohne ein Wenn und Aber.
Mit mir überspringst du die Mauern der Angst.
Die Tränen – auch die ungeweinten –
wisch ich dir heute schon ab
von den Augen.

Ich gebe dir ein Licht
für den nächsten Schritt,
und das mag genügen.

Die kleinen und großen Tode
sterbe ich mit.
Dann wächst auch daraus
Leben in Fülle.

Abraham als „Prototyp" eines Neuanfangs

Alle Urgeschichten der Bibel (Gen 1–12) enden immer mit einem neuen Beginn, den allerdings Gott setzt.

Nach der Sündenfallgeschichte verspricht Gott den ersten Menschen einen Erlöser und macht ihnen Fellkleider, d.h. er sorgt weiter für sie.

Nach der Ermordung Abels schützt Gott den Mörder Kain, damit sich andere nicht an ihm rächen können.

Nach der Sintflut-Geschichte schließt Gott mit Noach einen neuen Bund.

Und schließlich beruft Gott nach der Erzählung vom Turmbau zu Babel den Abraham.

Gott setzt damit wieder einen Anfang.

Abraham verlässt seine Heimat, seinen Besitz, seine Verwandtschaft und lässt sich von Gott in ein neues Land führen, das er noch nicht kennt.

Abraham bekommt auch die Zusage, dass er Nachkommen so zahlreich wie die Sterne am Himmel haben werde. Weil aber die Erfüllung dieses Versprechens lange ausbleibt, hilft Abraham nach und zeugt mit seiner Magd einen außerehelichen Sohn, den Ismael.

Erst später wird ihm von Sara sein Sohn Isaak geschenkt.

Abraham wird nochmals auf die Probe gestellt, als er den Auftrag erhält, Isaak zu opfern, was dann allerdings Gott selbst verhindert.

Alles spannende Erzählungen, die schildern, wie Gott trotz der Verfehlungen der Menschen immer neu mit ihnen anfängt und es ihnen so ermöglicht, ein anderes Leben in Gemeinschaft mit ihm zu beginnen.

Wir wissen nicht, was alles auf uns zukommt. Das liegt noch im Nebel. Dennoch bin ich überzeugt, dass es gut ist, nicht stehenzubleiben, innerlich zu erstarren. „Leben heißt sich wandeln, und vollkommen sein, sich oft gewandelt haben!“ (Karl Rahner). Jede Wandlung fordert ein Beenden und neues Beginnen. Johann Wolfgang von Goethe sagt: „Was immer du tun kannst oder träumst, es zu können, fang damit an!“

Gebet
Du Gott der Anfänge,
locke mich immer wieder hinaus,
wenn ich sitzen bleiben will
in der Gewohnheit,
wenn Ängste mich hindern, etwas Neues zu wagen,
ein Gespräch, eine Entscheidung, einen nötigen Schritt.

Du Gott der Wege,
gehe mit mir,
dann wird schon alles gut.
Und gib mir auch Rastplätze,
um Kräfte zu sammeln.
Amen.

In den Nebel hinein

aushalten

Es ist für mich erstaunlich, was manche Menschen in ihrem Leben aushalten, auch aushalten müssen, ohne dabei zu verbittern.

Ich denke an Frauen, die während des Krieges oft jahrelang ohne ihren Mann für die Familie daheim sorgen mussten. Die bange Frage, ob er überhaupt wieder heimkommt, die Arbeit in Haus und Hof, die Erziehung der Kinder, die finanziellen Probleme und vieles mehr lastete auf ihren Schultern, in ihren Herzen. Wie haben sie das alles nur geschafft? Unglaubliches haben sie geleistet.

Ähnlich kenne ich auch viele Menschen in unseren Tagen, die in Stille und in großer Treue, oft jahrelang, schwierige Situationen durchtragen: z.B. pflegende Angehörige, alleinerziehende Frauen, die Beruf und Familie unter einen Hut bringen müssen. Eine Frau schrieb mir:

Erst vor vier Monaten habe ich erfahren, dass meine Ehe zu Ende ist. Es war an einem heißen

Augusttag, und ich ging barfuß zur Nachbarin, einer Frau, die mit zum Ende beigetragen hat.

Manchmal kommen mir diese paar Monate vor wie Jahre. Viel ist geschehen, und der Kampf ums Überleben, ums Haus, um die Kinder ist jetzt vorläufig ausgefochten. Was bleibt, sind große Erschöpfung, Traurigkeit und Nüchternheit … Dieser Weg, um ehrlich zu sein, ist kein Honiglecken. Er fordert das Eingestehen eigener Anteile an einer Beziehung, in der die wahre Liebe verschüttet worden ist. Es ist dies unendlich traurig, denn ich bin aus der Liebe gefallen …

Jetzt geht es darum, wie sie alle Probleme, in denen noch so vieles unklar, vom Nebel getrübt ist, durchstehen, bewältigen kann.

Die „Resi aus Lienz"

Schon öfters habe ich vor allem für Senioren und Seniorinnen Vorträge gehalten zum Thema „Resilienz". Damit sie sich dieses Wort besser merken können, habe ich ihnen empfohlen, sie sollen einfach an die „Resi aus Lienz" denken. Gemeint ist damit die Fähigkeit mancher Menschen, trotz großer Belastungen, vor allem in der Kindheit, ihre Begabungen zu entfalten und sich zu wertvollen Persönlichkeiten zu entwickeln. Als Anschauungsmaterial verwende ich dann ein „Steh-auf-Männchen“, eine Puppe, die immer wieder gerade steht, auch wenn man sie umwirft. Woher holen Menschen die Kraft zum Aufstehen, Weitermachen und Weiterkämpfen trotz mancher Rückschläge oder Hindernisse?

Verschiedenes kann dazu helfen: Ein gesundes Selbstwertgefühl, das aus einem Netz guter Beziehungen wächst oder aus dem Glauben, dass ich grundsätzlich wertvoll bin, nicht aufgrund meiner Leistung, sondern weil ich von Gott bejaht und geliebt bin.

Man muss sich selbst gut kennen und mit den eigenen Stärken arbeiten und nicht so sehr gegen die Fehler kämpfen. Es hilft nicht weiter, wenn man dauernd die Probleme analysiert und nach den Schuldigen fragt. Besser ist es, nach Lösungen zu suchen, nicht in die Opferrolle zu fallen, sondern Verantwortung für sich zu übernehmen.

Ich denke an einen Mann, der als Waisenkind in einem Armenhaus untergebracht wurde, weil man nicht wusste, wohin mit ihm. Später kam er in ein Bubeninternat, in dem Schläge zu den Erziehungsmitteln gehörten. Auch von Seiten seines Pfarrers. Ein einsichtiger Lehrer erreichte, dass er später selbst Lehrer werden und sogar in einer Akademie unterrichten konnte. Er war politisch und kirchlich sehr aktiv, im Glauben tief verwurzelt. Trotz schlechtester „Startbedingungen“ schaffte er es, wirklich das Beste aus seinem Leben zu machen.

Wir sollten uns jedoch nicht zu sehr mit anderen vergleichen, sondern eben unseren persönlichen Weg Schritt für Schritt verfolgen.

Eine chassidische Geschichte erzählt:

Als es mit Rabbi Sussja zum Sterben kam, fragten ihn seine Anhänger und Freunde: Hast du denn gar keine Angst? Rabbi Sussja gab zur Antwort: „Wenn ich an all die Großen und Bedeutenden denke, an Mose, Abraham und Jeremia, den Propheten, dann wird mir schon angst. Aber ich bin gewiss: Gott wird mich in der kommenden Welt nicht fragen: Warum bist du nicht Mose oder Abraham oder Jeremia gewesen, sondern: Warum bist du nicht Sussja gewesen!

Nicht nur Nebel, sondern schwarze Wolken

Bei manchen Menschen kommt es wirklich dick: Todesfälle, schlechte Arztbefunde, familiäre Entzweiung, finanzielle Sorgen, Arbeitsverlust …

Da scheint sogar der Himmel verschlossen zu sein, und der Ruf nach Hilfe von oben verhallt ins Leere. In solchen Situationen werde ich ganz still und kleinlaut. Da gibt es keine Rezepte, und alle guten Ratschläge tun noch mehr weh. „Mein Gott, warum hast du mich verlassen!“, kann man nur noch rufen. Das Einzige, was im Augenblick helfen kann, ist vielleicht, sich auf den heutigen Tag zu beschränken, das Allernotwendigste zu tun und dasselbe auch morgen, übermorgen … Irgendwann muss es doch anders werden. Wenn wir dann noch wie der sterbende Jesus sagen könnten: „Vater, in deine Hände lege ich alles, mich selbst“, wäre es schon sehr viel. In diese Richtung geht auch das Gebet, das ich manchmal bei Beerdigungen nach einem Suizid verwende:

Schrei aus der Zisterne nach Erlösung und Befreiung

Du Gott des Lebens, wo bist du?
Ich rufe aus der Zisterne des Todes.
Siehst du mich in meinem Elend?
Was auch alle außerhalb meiner Zisterne reden und deuten,
mein Inneres erreichen sie nicht.
Du allein siehst auf den Grund.
Ich bin in meiner Zisterne verriegelt, für immer.
Du Gott, den wir barmherzig nennen,
du ferner und naher Gott,

Herr über Leben und Tod, wie wir sagen,
wölbe meine Zisterne in deinen Himmel empor.
Zieh mich heraus!
Öffne mir die Türe in dein Zuhause,
wo ich meine Tränen abwischen und mein
krankes Herz heilen kann.
Lichte die dicken Nebel, die mein Herz
umfangen.
Du lebender Gott, in jedem Tod der Erde, auch in
dem meinen,
fülle meine Zisterne mit frischem Wasser
und lass mich in den Morgen aufsteigen,
in die strahlenden Höhen und Weiten
und in deine vergebende Fülle.

In den Nebel hinein leben

Wir alle wissen es aus eigener Erfahrung: Das Leben liegt nicht immer offen und klar wie an einem sonnigen Morgen vor uns. Wir kennen die hellen und dunklen Tage, das Auf und Ab. Es gibt auch die „Jahreszeiten des Lebens“. Die große Kunst und Herausforderung liegt darin, dass wir aus unserem Leben das Beste machen, wobei es nicht von vornherein klar ist, wie das ausschauen soll. Es werden Hilfen angeboten und Schulungen veranstaltet, um die eigene Lebensplanung möglichst effizient zu gestalten.

Es gibt auch viele Bücher mit Anleitungen für eine zeitgemäße Spiritualität. Da werden recht viele „Rezepte“ angeboten, wie wir zu einem guten Leben mit Tiefgang gelangen: z. B.: heilsame Selbsterkenntnis üben, bereit sein zur Umkehr, die Wirklichkeit wahrnehmen, Beziehungen pflegen, sich entschleunigen, Selbstbeschränkung (weniger ist mehr) praktizieren, materielle Bedürfnisse reduzieren, Abhängigkeiten lösen,

Freiheiten gewinnen, anders mit der Zeit umgehen, das Nicht-Funktionale stärken (Kunst, Natur, Muße), anders mit der Zeit umgehen, sich dem Unheil-Sein der Welt stellen und vieles mehr. Das sind alles gute Ideen und Vorschläge, die manchen helfen. Sich zu ändern ist nicht leicht. Der Nebel der fehlenden Ausdauer und der wechselnden Lebensumstände fällt über uns herein, verdüstert wieder die Stimmung, die Gefühle.

Woher kommt der Drang zum Leben?

Beim Propheten Ezechiel steht eine ganz berührende Stelle, die Gottes liebende Sorge um sein Volk beschreibt: *Bei deiner Geburt, am Tag, als du geboren wurdest, wurde deine Nabelschnur nicht abgeschnitten … du wurdest auf das freie Feld hingeworfen … Da kam ich an dir vorüber und sah dich in deinem Blut strampeln; und ich sagte zu dir in deinem Blut: Bleib am Leben!* (Ez 16,4.6)

Dann beschreibt Gott die tragische Liebesgeschichte zwischen ihm und seinem Volk, das ihm untreu geworden war und anderen „Liebhabern“ nachlief. Dennoch bleibt er bei seinem Wort: „Lebe! Du sollst leben!“ Dieses Kapitel beschreibt in dramatischen Bildern den Konflikt zwischen

Gott und seinem Volk Israel. Aber er bleibt bei seinem Ja zu ihm.

Unser Wunsch zu leben ist der Nachhall des Lebens- und Liebeswillens Gottes.

Im Buch Deuteronomium spricht Mose: *Leben und Tod lege ich dir vor, Segen und Fluch. Wähle also das Leben, damit du lebst, du und deine Nachkommen. Liebe den HERRN, deinen Gott, höre auf seine Stimme und halte dich an ihm fest; denn er ist dein Leben.* (Dtn 30,19–20)

Gott ist die Quelle allen Lebens. Und weil er uns liebt, hat er uns das Leben geschenkt, und er will, dass es in uns und durch uns weiterfließt.

Es ist Gott selbst, der in uns lebt und leben will. Und deshalb steckt in uns allen der Lebensdrang.

Oft schon hatte ich mit Menschen zu tun, die ihrem Leben ein Ende gesetzt haben oder setzen wollten. Eigentlich nicht, weil sie nicht mehr leben wollten, sondern weil sie so nicht mehr leben konnten, weil ihr Leben aus verschiedenen Gründen beeinträchtigt, für sie nicht mehr lebenswert war. Aber dahinter steckt doch der unbändige Drang nach Leben.

Eine Frau suchte das Gespräch mit mir. Zwischen ihrem Mann und den beiden Kindern gab es nur Probleme. Sie reichte mir einen Zettel, auf dem stand: „Mein ganzes Leben habe ich Angst, es nicht richtig zu machen. Alle geliebt, jeden verteidigt, alle verloren ...!" Eine bedrückende Bilanz. Und sie möchte so gerne im Frieden leben.

Was heißt: leben?

Wenn ich nur an den heutigen Tag denke, was ich alles er-lebt habe: Büroarbeit, für den Gottesdienst Kopien machen, Gespräche im Hospiz, Besuch bei einer Mitarbeiterin, die sich im Krankenstand befindet, eine wertschätzende Karte schreiben, weitere Krankenbesuche, zwei Predigten vorbereiten für morgen und den nächsten Sonntag, mehrere SMS und Mails beantworten, bei denen es um eine kirchliche Trauung und das baldige Sterben des Schwiegersohnes geht, Mittagschläfchen und Mahlzeiten, ein Telefonat wegen eines Alkoholproblems und eines zum Sterbetag des Gatten, Vogelfutter kaufen und anderes mehr, dann denke ich: Das ist Leben, schönes und mühsames Leben. Und ich habe dabei das Gefühl, dass ich lebe. Das ist doch sehr viel und genug. Jeder Tag ist eine Gabe und eine Aufgabe, die ich manchmal besser, dann wieder schlechter erfülle. Aber das macht nichts. Morgen ist wieder ein Tag. Und Nebel und Sonnenschein, Licht und Dunkel wechseln sich ab.

Eine Geschichte erzählt

Irgendwo lebt ein weiser Mann, den viele Menschen aufsuchten, um einen Rat zu erbitten. Manche neideten ihm dies, und sie beschlossen, dem alten Mann eine Falle zu stellen.

Sie fingen ein winziges Mäuschen, das sie dem Weisen in der geschlossenen Hand präsentieren wollten mit der Frage, was sich in der Hand befinde. Sollte er wider Erwarten die Frage richtig beantworten, so würde er mit Sicherheit an einer weiteren Frage scheitern, nämlich, ob es sich bei dem Mäuschen um ein totes oder lebendiges handle. Würde er nämlich sagen, es lebe, so könnte man die Hand zudrücken, und das Mäuschen wäre tot. Würde er hingegen sagen, es handle sich um ein totes Tier, so könnte man die Hand öffnen und das Mäuslein laufen lassen.

So vorbereitet gingen sie zu dem Weisen und fragten ihn wie beabsichtigt.

Nach wenigem Überlegen antwortet der Alte: „Das, was ihr in der Hand haltet, kann nur ein winzige Maus sein." „Nun gut", sagten die Neidischen, „du magst Recht haben, aber handelt es sich um ein totes oder lebendes?" Der Weise daraufhin: „Ob das, was ihr in der Faust haltet, lebt oder tot ist, das liegt allein in eurer Hand!" (Quelle unbekannt)

Geteilte Verantwortung

So sinnvoll und schön ich diese Geschichte finde, kann ich sie nur teilweise bejahen.

Es liegt vieles, sehr vieles, in unserer Hand, was wir aus unserem Leben machen, aber nicht alles. Wir dürfen auch mit dem Beistand und der Fügung Gottes rechnen. Schon bei der Taufe wird das deutlich. Natürlich sind die Eltern zu einem großen Teil dafür verantwortlich, wie ein Kind aufwachsen und sich entwickeln kann, abgesehen von allen anderen gesellschaftlichen Einflüssen und Umständen. Aber sie dürfen auch sagen: „Guter Gott, wir tun, was wir können, aber du bist auch mitverantwortlich, was aus unserem Kind wird!"

Ähnlich sollen wir uns schon dessen bewusst sein, dass uns das Leben geschenkt ist, damit wir das Beste aus ihm machen. Das bleibt eine lebenslange Aufgabe.

Die Nebelschwaden vieler Ungewissheiten und Unsicherheiten, vieler Einflüsse und schicksalhafter Fügungen sollten uns nicht davon abhalten, jeden Tag bewusst zu leben und zu gestalten.

Eine Einübung ins Leben

Sich ans offene Fenster stellen.
Die Luft aufnehmen, die von draußen
hereinströmt.
Den Blick schweifen lassen:
Was nehme ich wahr?
Zurücktreten oder sich hinsetzen.
Das „Fenster nach innen" öffnen.
Was sehe, spüre, höre ich in mir?
Was steigt in mir auf?
Die Stille aushalten.
Gedanken kommen und vorbeischweben lassen.
Nichts festhalten –
‚Ich' sagen
und auch: ‚Du'…
Einatmen und ausatmen.

Spüren: Ich lebe.
Sich dem Leben wieder zuwenden.

In den Nebel hinein

nichts tun

Der Satz von Heinrich Zimmer: „Wie komme ich dazu, immer etwas sein zu müssen, anstatt ganz einfach zu sein!“ könnte auch abgewandelt werden: „Wie komme ich dazu, immer etwas machen zu müssen, anstatt ganz einfach nichts zu tun?“

Es steckt in uns drinnen, dass wir meinen, das Nichtstun sei ein Faulenzen und verwerflich.

Gerade wenn im Leben vieles unklar, unsicher, nebelig ist, wenn alle Ausgänge verschlossen sind und die klügsten Leute nicht wissen, wie es weitergehen soll, fühlt man sich besser, wenn man wenigstens „etwas“ tut.

„Besser irgendetwas machen als gar nichts“, sagen manche Leute. „Sonst fällt einem die Decke auf den Kopf.“ Das mag sehr oft stimmen. Dennoch habe ich einen Einwand.

Bei Beerdigungen beten wir immer: „Herr, gib ihm/ihr die ewige Ruhe …" Damit ist kein Dauerschlaf oder Dämmerzustand gemeint, sondern ein zufriedenes, dankbares Zurückschauen auf das gesamte Leben.

In der Bibel heißt es gleich zu Beginn, am Ende jedes Schöpfungstages: *Gott sah, dass es gut war*! Nach dem sechsten Tag sogar: *Und Gott sah, dass es sehr gut war* (Gen 1,31). Und dann: *Am siebten Tag vollendete Gott das Werk, das er gemacht hatte, und er ruhte am siebten Tag, nachdem er sein ganzes Werk gemacht hatte* (Gen 2,2). Diesen zufriedenen Rückblick meint das Wort Ruhe. Das Wort „ausruhen" hebt zu sehr die Mühe einer Tätigkeit, einer Arbeit hervor. Das wirkmächtige Wort Gottes „Es werde!" ist sicher nicht mit unseren Anstrengungen vergleichbar. Dennoch: Gott ist der, der handelt, aber gleichzeitig einer, der ruht.

Also rücken wir auch mit dem Nichtstun in die Nähe Gottes, schwingen wir ein in seinen Atemrhythmus des Machens und Lassens.

Wir haben doch schon oft zufrieden auf unser Tageswerk geschaut, wenn etwas gut gelungen ist, wir das geschafft haben, was wir uns vorgenommen hatten. Dieses Gefühl bezeichnet das „Ruhen“ in der Bibel.

Allerdings, wenn wir auf unser Leben als Ganzes blicken, werden wir wohl kaum feststellen können, dass alles gut war, was wir getan, erreicht haben. Wir bleiben immer im Defizit und müssen bekennen: „Ich habe Gutes getan, aber auch unterlassen. Ich habe gesündigt in Gedanken, Worten und Werken …“.

Dennoch dürfen wir hoffen, dass Gott in seinem Erbarmen alle Mängel vergibt und auffüllt. So mögen unsere Verstorbenen und einmal auch wir selbst schlussendlich „ruhen“, in großer Dankbarkeit und Freude.

Und das Nichtstun soll keine Ausrede sein, sondern eine Vorahnung: Das Heil und das bleibende Glück wird nicht von uns „erarbeitet“, sondern wird uns von Gott her geschenkt.

Das Stillsein ist noch mehr

Die Karmelitin Sr. Waltraud Herbstrith OCD sagte in einem Interview, dass die hl. Teresa von Ávila das Gebet der Stille entdeckt und für viele zugänglich gemacht hat. In jeder und jedem von uns gibt es einen innersten Raum des Schweigens und der Stille, in dem Gott wohnt. Die Schwestern des Karmel suchen jeden Tag drei Stunden diesen Herzensraum auf, indem sie einfach leer werden, da sitzen, sich dem Geheimnis Gottes öffnen, bei ihm verweilen.

Sie lassen sich hineinnehmen in die erfüllte Leere, verweilen bei Gott, lassen sich von ihm anschauen, sind verwoben mit dem Urgrund des Seins, des Kosmos, des Lebens, mit dem Gott Jesu Christi. Sie erfahren, was Paulus schreibt: *Denn in ihm leben wir, bewegen wir uns und sind wir; wie auch einige von euren Dichtern gesagt haben: Wir sind von seinem Geschlecht.* (Apg 17,28)

Sr. Waltraud verwies auch auf Jesus, der nicht nur predigend und heilend bei den Menschen war, sondern den es immer wieder in die Einsamkeit des Schweigens und des stillen Gebetes zog, um mit seinem Vater allein zu sein. Mit der Stille ist ein Zustand ohne Worte gemeint. Dabei wird man leer wie ein Gefäß, wir lassen das Denken verrinnen, halten nichts fest, sind einfach da.

Wenn es uns gelänge, in diesem Sinn nichts zu tun, sondern nur zu sein – in Gott, dann wäre das eine ganz tiefe, lebenstragende Art des Verweilens.

Aber das muss man wohl üben, ein Leben lang. Am besten sogar täglich, denn wir sind zu sehr aufs Tun programmiert.

Ich bin überzeugt: Dann lösen sich mit der Zeit alle Nebel, die unser Herz oft umhüllen.

So kommt das Glück

Der kleine Nachtwächter eines unbedeutenden Dorfes findet im Mondenschein ein vierblättriges Kleeblatt. Er weiß, dass dies Glück bedeutet.

Aus Freude darüber bläst er in sein Horn, ruft die Dorfbewohner zusammen. Und der Poet, die Marktfrau, der Schmied, das Blumenmädchen und der Lausejunge kommen herbeigeeilt. „Das Glück besucht mich heute Nacht!", verkündet der kleine Nachtwächter freudestrahlend.

Und alle setzten sich nieder und warteten auf das Glück, das sich im Kleeblatt angekündigt hatte. Es wird ganz ruhig. Alle lauschen in die Nacht hinaus. Der Wind raschelt leise in den Blättern, die Nachtigall singt zum letzten Mal im nahen Wald, ab und zu schwirrt eine Fledermaus vorbei – sonst ist nichts zu vernehmen. Die Nacht hat sich ausgebreitet mit ihrer tiefen Ruhe.

„Wann kommt endlich das Glück?", ruft der Lausejunge. Der Poet aber, die Marktfrau, der Nachtwächter und das Blumenmädchen, sie alle verstehen, dass das Glück bereits eingezogen ist …

Sie sitzen da und hören und lauschen bis zur Morgendämmerung. (Quelle unbekannt)

Eine wunderbare Geschichte, in der man für „Nacht“ auch „Nebel“ einsetzen könnte.

Diese Menschen tun nichts, und gerade dabei geschieht sehr viel.

Gebet

Gott,
es fällt mir schwer, einfach ruhig zu sein,
mich zu spüren.
Mein Gedanken flattern herum.
Ich lasse sie kommen und gehen.
In mir liegt der Nebel der Unruhe.
Ich hole mich aus der Zerstreuung zusammen,
so gut es geht,
und denke einfach: Du bist da.
Ich atme ein – du.
Ich atme aus – du.
Ich versuche zu schweigen.
Einfach zu sein,
in dir, bei dir, aus dir,
und höre deine leise Zusage:
Keine Angst, ich halte,
ich trage dich,
ich bin tiefer in dir als du selbst.

Ich atme ein – du.
Ich atme aus – du!

Visionen haben

Vor einiger Zeit durfte ich Ravenna besuchen, die Stadt mit den berühmtesten und schönsten Mosaiken der Welt.

Vor 1500 Jahren wurden diese Kunstwerke geschaffen. Sie beeindrucken alle, die sie betrachten. Auffallend ist, dass nirgends der Gekreuzigte dargestellt ist. Die Leidensmystik kam erst im Mittelalter auf. Man sieht hoch oben in langen Reihen die Apostel, die Getauften, die Heiligen – Männer und Frauen –, die alle in langen weißen Gewändern nach vorne schreiten, wo in der Apsis der Pantokrator, der auferstandene Weltenherr, oder ein „Gemmenkreuz“ mit viel Gold und Edelsteinen dargestellt ist.

Eine wunderbare Perspektive wird hier sichtbar: Unsere Zukunft ist die Gemeinschaft mit dem erhöhten Christus in der Herrlichkeit des Himmels.

Diese Kunstwerke zeigen keine Vertröstung auf den Himmel, sondern sie öffnen ein Tor für unsere Zukunftsperspektive.

In großartigen Bildern (!) wird beschrieben, wie die neue Stadt, die ewige Gemeinschaft mit Gott, ausschaut: *Ihre Mauer ist aus Jaspis gebaut und die Stadt ist aus reinem Gold, wie aus reinem Glas … Ihre Tore werden den ganzen Tag nicht geschlossen – Nacht wird es dort nicht mehr geben …* (Offb 21,18.25)

Ja, dann gibt es auch keine Nebel mehr, die uns umhüllen, einsam werden lassen, uns die Sicht nehmen. Keine Wolkendecke wird uns das Herz schwer machen und uns bedrücken.

Es ist tröstlich, im Glauben über das Jetzt hinauszuschauen und die Hoffnung wachzuhalten, dass einmal alles gut wird.

Seltsam, im Nebel zu wandern!
Leben ist Einsamsein.
Kein Mensch kennt den andern.
Jeder ist für sich allein.

In dieser Welt sind wir oft genug solche „Nebelwanderer“. Letztlich werden wir auch in den Nebel des Todes hineingehen. Aber jenseits erwartet uns die Sonne der zärtlichen, erbarmenden Liebe Gottes. Dann werden wir hineingenommen in den „ewigen Tanz der Liebe“ (Richard Rohr). Aber noch ist es nicht so weit.

Auch wenn du nicht
an Gott glaubst,
er glaubt an dich.

Auch wenn du nichts
von Gott erwartest,
er wartet auf dich!
(Petrus Ceelen)

Quellenverzeichnis

S. 9: „Im Nebel“, aus: Hermann Hesse, Sämtliche Gedichte in 20 Bänden. Herausgegeben von Volker Michels. Band 10: Die Gedichte. © Suhrkamp Verlag Frankfurt am Main 2002. Alle Rechte bei und vorbehalten durch Suhrkamp Verlag Berlin.

S. 18 und S. 135: Auszüge aus: Etty Hillesum, Das denkende Herz der Baracke © Verlag Herder GmbH, Freiburg i. Br. 2015, S. 141–142, 187, 325.

S. 35, 87, 103, 140, 157, 158 und 170: Bibelzitate aus: Die Bibel. Einheitsübersetzung der Heiligen Schrift, vollständig durchgesehene und überarbeitete Ausgabe © 2016 Katholische Bibelanstalt GmbH, Stuttgart.

S. 43 und S. 70–76: Jörg Zink, Gelassen werden / Unsere Schuld. In: Ders., Wie wir beten können © Verlag Herder GmbH, Freiburg i. Br. 2015, S. 189, 221.

S. 48: Martin Gutl, gekürzte Version aus „Wenn Gott uns heimführt“ © Karl Mittlinger, Graz.

S. 49: Mascha Kaléko, Memento. Aus: Dies., Verse für Zeitgenossen, dtv Verlagsgesellschaft, München 2017, © Gisela Zoch-Westphal.

S. 50: Dietrich Bonhoeffer, Brief an Renate und Eberhard Bethge. Aus: Ders., Widerstand und Ergebung, Briefe und Aufzeichnungen aus der Haft, Gütersloher Verlagshaus, Gütersloh, in der Verlagsgruppe Random House GmbH, 22. Auflage 2005.

S. 59: Dorothee Sölle, Lasst uns Gehende bleiben. Mit freundlicher Abdruckgenehmigung von Fulbert Steffensky.

S. 78: Adrian Naef, Nachtgängers Logik – Journal einer Odyssee, Suhrkamp Verlag, Frankfurt am Main 2003.

S. 85f.: Erich Fried, Was es ist, aus: Erich Fried, Es ist was es ist © 1983 Verlag Klaus Wagenbach, Berlin.

S. 93: Lothar Zenetti, Zu sagen, man müsste was sagen. Aus: Ders., Texte der Zuversicht. Für den Einzelnen und die Gemeinde, Verlag J. Pfeiffer, München 1972.

S. 96f.: Carl Zuckmayer, Nachtgebet. Aus: Ders., Abschied und Wiederkehr. Gedichte 1917–1976 © S. Fischer Verlag GmbH, Frankfurt am Main 1997.

S. 98–99: Nossrat Peseschkian, Der Kaufmann und der Papagei. Orientalische Geschichten in der Positiven Psychotherapie, Fischer Taschenbuch, Frankfurt am Main 1979.

S. 102: Maria Stahl, Meine Hoffnung spannt ihre Flügel. Bericht über einen Abschied © Memoiren-Verlag Bauschke, Glödnitz 2012.

S. 108: Hilde Domin, Die schwersten Wege. Aus: Dies., Gesammelte Gedichte. © S. Fischer Verlag GmbH, Frankfurt am Main 1987.

S. 142: Thomas Rother, Teufelszacken. Texte für Menschen und für Christenmenschen, Schwann-Verlag.

S. 143: Andrea Schwarz, Singt das Lied der Erlösung. In: Dies., Und jeden Tag mehr leben. © Verlag Herder GmbH, Freiburg i. Br. 2008, S. 61.

Wir danken den Autorinnen und Autoren für die freundliche Genehmigung zum Abdruck. Leider war es nicht in allen Fällen möglich, die Rechteinhaber zu ermitteln. Wir bitten um Hinweise an den Verlag. Allfällige Ansprüche werden gerne nachträglich abgegolten.

Der Autor

ELMAR SIMMA, geb. 1938, Theologiestudium in Innsbruck, Kaplan, Diözesanjugendseelsorger, Pfarrer in Göfis, langjähriger Caritas-Seelsorger der Diözese Feldkirch, Unterrichtstätigkeit an verschiedenen pädagogischen Einrichtungen. Er hält zahlreiche Vorträge (u. a. für die Hospiz-Bewegung) und ist Autor mehrerer Bücher. Zuletzt bei Tyrolia erschienen: „Dem Leben zulächeln. Von der Kunst, den Tag zu loben" (4. Auflage).